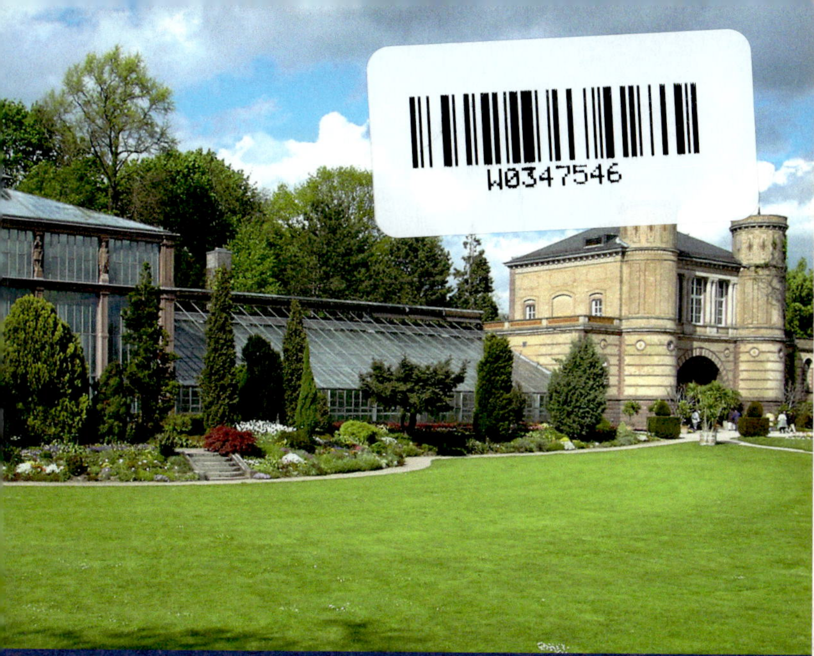

Yps Knauber, Jahrgang 1959, studierte nach ihrer Ausbildung als Augenoptikerin an den Universitäten Heidelberg, Florenz und Pisa internationale Politikwissenschaften, Geschichte und Romanistik. Seit vielen Jahren ist sie als freie Journalistin und Kulturpublizistin unter dem Label wordsinmotion® international tätig. Sie hat zahlreiche Beiträge und Bücher über ihre Wahl-Heimatstadt Karlsruhe veröffentlicht.

Danksagung: Mit dem »Auskennen« ist es wie mit dem »Wissen«, man lernt nie aus! Dass ich mich in Karlsruhe so gut auskenne, verdanke ich nicht nur meiner journalistischen Neugierde und meinem Knowhow als Kulturhistorikerin, sondern einer Reihe von Karlsruhe-InsiderInnen, die ihre unermessliche Leidenschaft und Kenntnis zu und über Karlsruhe immer wieder gerne mit mir teilen. Auch für dieses Buch haben sie ihre Schatztruhe des Wissens wieder für mich geöffnet. Mein besonderer Dank gilt Monika Storck, der ehemaligen Tourismuschefin von Karlsruhe, der besten Stadtkennerin Ursula Friede, der Kunst- und Kulturwissenschaftlerin Nina Rind, der Kunsthistorikern Dr. Ursula Merkel, meinem ehemaligen HfG-Hiwi Oliver Krätschmer, dem gärtnerischen Leiter des Botanischen Gartens und Schlossgartens Thomas Huber, dem Revierförster (Fasanengarten) Martin Kurz, der ehemaligen Pressesprecherin der Universität Karlsruhe Dr. Elisabeth Zuber-Knost, der Durlach-Kennerin Gudrun Mittelhamm sowie Ruth und Klaus Rürup. Ein besonderer Dank geht an meine wunderbare Lektorin Elisabeth Murenwald für ihre konstruktiven Hinweise. Abschließend möchte ich mich beim Silberburg-Verlag dafür bedanken, dass er mir bei der Spurensuche rundum vertraut und keine Wege zum Ziel vorgeschrieben hat!

Gedruckt auf zertifiziertem Papier: Förderung nachthaltiger Waldbewirtschaftung – nähere Informationen unter: www.pefc.org

Bildnachweis: ONUK Bernhard Schmitt S. 13, 15, 19, 21, 23, 25, 27, 33, 39, 41, 49, 59, 63, 67, 69, 71, 73, 75, 77, 83, 87, 89, 91, 95, 109, 113 / Michael Kohler S. 11, 29, 35, 45, 55, 61, 65, 97, 99, 101 / Peter Sandbiller S. 31, 51, 79 / Tobias Helfrich S. 17, 93 / Günter Josef Rading S. 85, 111 / Archiv Silberburg-Verlag S. 9 / ComQuart S. 57 / S. Finner S. 53 / Christophe.Finot S. 81 / Felix König S. 105 / KVV Karlsruhe S. 126 / Mauritsvink S. 103 / Pero.s S. 3 / Andreas Praefke S. 43 / Thomas Steg S. 37 / 4028mdk09 S. 47.

1. Auflage 2014

Umschlaggestaltung: Christoph Wöhler, Tübingen, unter Verwendung einer Fotografie von Peter Sandbiller. Übersichtskarte S. 124/125: Kartengrundlage © Stadt Karlsruhe/ Liegenschaftsamt/2014-1827, bearbeitet durch den Verlag. Lektorat: Michael Kohler, Karlsruhe. Druck: Grammlich, Pliezhausen. Printed in Germany.

ISBN 978-3-8425-1338-9

Besuchen Sie uns im Internet und entdecken Sie die Vielfalt unseres Verlagsprogramms: **www.silberburg.de**

PEFC
PEFC/04-31-0878

»Ich bin mal wieder auf Spurensuche« ist nicht nur seit Jahren die frohgestimmte Ansage auf allen meinen Anrufbeantwortern, sondern eine persönliche Grundstimmung, die darüber Auskunft gibt, wo ich mich am liebsten befinde: auf Spurensuche, Entdeckungsreise, Exkursion zu Orten, Menschen, Dingen, die zu entdecken es sich lohnt. Die imaginäre Schatzkarte ist dabei mein Kopf, meine Phantasie, die mich meist zu sehr früher Morgenstunde anregt, ausgetretene Pfade zu verlassen, an bekannten Stellen noch etwas tiefer zu graben, mit meiner Fragerei nach noch mehr Inhalt vermeintlich unumstößlichen Zuständen auf den Zahn zu fühlen und dabei vielleicht dem ein oder anderen auch den letzten Nerv zu rauben. Aber wer nicht gräbt, wird niemals Gold finden, und wer sich nicht auf Spurensuche begibt, wird seine eigene Welt niemals entdecken.

Mein inneres GPS ist zwar nicht googlefähig, aber mit einem besonderen Kompass ausgestattet, dessen Nadel nicht durchweg nach Norden ausgerichtet ist, aber zuverlässig den Weg zu besonderen Schätzen weist. Auf diesen Kompass ist stets Verlass, auch dann, wenn auf den Marketing geprägten Sightseeing-Landkarten weder der Begriff »Highlight-Location«, »lohnenswert« oder »Must See Before You Die« verzeichnet ist. Auch wenn ich Karlsruhe wie meine eigene Westentasche kenne, ist die Nadel immer noch in Bewegung – auch an Orten, die mir seit über vierzig Jahren vertraut sind.

1971 »verschleppten« mich meine Eltern aus einem stillgelegten Kohlerevier des Saarlandes in den »Speckgürtel« von Karslruhe und legten damit den Grundstein zu einer großen Liebe, die zur Fächerstadt Karlsruhe. Und diese Liebe ist nie erloschen. Wie grün ist diese Stadt, wie sonnengefüllt, wie einmalig ihr Grundriss, wie faszinierend ihre Kulturfülle, wie liebenswert ihre Menschen!

Mit »Karlsruhe im Umbruch« könnte man die aktuelle Entwicklung der 1715 gegründeten Stadt am Oberrhein betiteln. Seit zehn Jahren setzt Karlsruhe auf eine umfassende Modernisierung seiner Infrastruktur, neue Stadtteile entstehen, verkehrsstrategisch Überlastetes wird unter die Erde gelegt, Brachliegendes belebt, historisch und kulturell Bedeutendes renoviert und zum 300. Stadtgeburtstag im Jahr 2015 herausgeputzt. Dass zum Auftakt des vierten Stadtjahrhunderts kräftig gebaut, gegraben und gewühlt wird, mag der Schönheit der Stadt allenthalben

ein bisschen ihren Glanz rauben, aber ihren Preziosen – auch jenen, die jenseits des berühmten Fächergrundrisses liegen – kann der durch die Baumaßnahmen aufgewirbelte Staub nicht wirklich etwas anhaben.

Der Entschluss des Silberburg-Verlages, seine neue »Best of«-Städtereihe mit Karlsruhe zu beginnen, ist daher als Hommage an die Fächerstadt und ihre 300-jährige einmalige Geschichte zu verstehen. Dass der Verlagskompass bei seiner Suche nach einem geeigneten Autor/einer geeigneten Autorin den Weg meiner Spurensuche gekreuzt hat, ist ein wunderbarer »Glücksfall«, der mich vor die Herausforderung stellte, aus der prall gefüllten Karlsruher Schatztruhe 50 Orte – darunter 10 Premium-Ziele – auszuwählen, die man auf gar keinen Fall verpassen sollte.

Wie bei jedem Menschen, der Fan seiner eigenen Stadt ist, würde ich natürlich empfehlen, Karlsruhe rundum, mit allen seinen Facetten, Ecken und Kanten, bei Tag und Nacht, aus der Luft und auch unterirdisch kennenzulernen. Aber das ist eine Lebensaufgabe! Für all diejenigen, Besucher wie auch Karlsruher und Karlsruherinnen, deren Zeit etwas knapper bemessen ist, habe ich 50 »Orte«, allesamt entdeckenswerte Ziele, zusammengestellt, die Karlsruhe in seiner vielschichtigen Besonderheit widerspiegeln. Und so scheint das englische Wort »Fan« wie für Karlsruhe geschaffen: ein »Fächer« (engl. fan), der die Leidenschaft eines Menschen weckt und ihn dadurch zum »Fan« macht. Meine abschließende Botschaft an Sie: Der Fächer von Karlsruhe winkt mit verlockender Geste. Begeben Sie sich mit mir auf Spurensuche und lassen Sie sich von der »Fan-City« einfach verführen!

Yps Knauber

Die 10 Premium-Ziele

von ultimativ bis Spitzenklasse

1 | Das Schloss und das Badische Landesmuseum

Stadtgründungs- und Kulturgeschichte im Dialog

»Es ist schade, dass du diese Stadt, die wie ein Stern gebaut ist, nicht gesehen hast. Sie ist klar und lichtvoll wie eine Regel, und wenn man hineintritt, so ist es, als ob ein geordneter Verstand uns anspräche«, schreibt Heinrich von Kleist 1801 an seine Schwester. Es gibt unzählige spannende Perspektiven, aus denen man Karlsruhe betrachten kann, doch keine bietet so viel Überblick über die Fächerstadt wie ihre Urzelle, das Schloss. Sowohl die auf dem Reißbrett entstandene Stadtarchitektur als auch die Historie des badischen Herrscherhauses sind im ehemaligen Residenzschloss, heute Sitz des 1919 eröffneten Badischen Landesmuseums, »klar und lichtvoll« für die Besucher aufbereitet. Doch starten sollte man unbedingt mit der Besteigung des 42 Meter hohen Schlossturms.

An Sonnenstrahlen dachte Markgraf Karl Wilhelm, als er 1715 seine neue Residenz »Carolsruhe« inmitten des Hardtwaldes gründete, mit dem Schloss als Zentrum und vom Schlossturm aus fächerförmig verlaufenden 32 Achsen. Wer diesem außergewöhnlichen Stadtgrundriss und der daran anknüpfenden 300-jährigen Stadtentwicklung in all ihren Facetten nachspüren möchte, wird mit einem einzigen Blick aus luftiger Höhe erfassen können, was Karlsruhe heute ausmacht.

165 Stufen tiefer entfalten sich hingegen in komprimierter, museal aufbereiteter Form fragmentarische Spuren des Badischen Hofes. Von der prächtigen Innenausstattung des einstigen Barockschlosses ist dabei leider nichts mehr zu sehen. Beim Wiederaufbau des 1944 bei einem Bombenangriff völlig zerstörten Schlosses entschied man sich, auf eine Rekonstruktion des fürstlichen Ambientes zu verzichten. Doch ein Rundgang durch die Abteilung »Schloss und Hof« lässt erahnen, welch luxuriöse Fülle hier einst strahlte. Zu den Glanzstücken der Sammlung zählt neben der kostbaren großherzoglich-badischen Krone und dem Ensemble des einstigen Thronsaales vor allem das für Großherzogin Stephanie, die Adoptivtochter Napoleons, aus reinstem

Karlsruher Rheingold geschaffene, kunsthandwerklich vollendete Toilettenservice.

Die eigentliche Schatzkammer des Museums ist jedoch die auf markgräflich-badische Sammlungen zurückgehende Antikensammlung, die markgräfliche »Kunst- und Wunderkammer« sowie die einzigartige, vom badischen Fürstenhaus im 18. Jahrhundert zusammengetragene »Türkenbeute« mit kostbarem osmanischem Kunsthandwerk. Die 16 Sammlungsabteilungen des Museums, die über 5000 Jahre Kulturgeschichte repräsentieren, sind für sich einen Besuch wert.

www.landesmuseum.de

2 | Der Schlossgarten und der Botanische Garten

Die prächtigen Park-Perlen der Stadt

Da die Fürsten einst gerne unter sich waren, lagen ihre Barockgärten meist von den Blicken ihrer Untertanen abgewandt auf der Rückseite ihrer Residenzen. Dass dies in Karlsruhe ganz anders aussieht, liegt nicht nur an einer über drei Jahrhunderte immer wieder gewagten zeitgemäßen Umgestaltung der Schlossgartenanlagen, sondern an der liberalen Grundhaltung des Stadtgründers Karl Wilhelm wie auch der seiner Nachfahren. In Karlsruhe liegt der Schlossgarten vor der Tür, und auch der an ihn angrenzende vom großherzoglichen Baumeister Heinrich Hübsch konzipierte »Botanische Garten« war von Beginn an schloss- und bürgernah zugleich.

Den Auftakt der Schlossgartengestaltung bildete Karl Wilhelms vor dem Schloss angelegter Lustgarten und seine außergewöhnliche Tulpen-Sammelleidenschaft. Sechstausend Tulpen, achthundertneunzig Hyazinthen und sechshundert Nelkensorten ließen seinen Garten im Frühjahr erblühen. Sechstausend seiner schönsten Blumen ließ er botanisch genau und zeichnerisch vollendet aquarellieren – von den berühmten »Tulpenmädchen«, die er der Legende nach nicht nur aus Liebe zu den Blumen um sich scharte.

Der hintere Schlossgarten, ursprünglich ein Park mit waldartigem Charakter, wurde zwischen 1731 und 1746 durch den Hofgärtner Christian Thran im französischen Barockstil angelegt. Ab 1787 wurde das gesamte Schlossgarten-Areal von Friedrich Schweickardt in einen englischen Landschaftsgarten umgestaltet. Knapp 200 Jahre später knüpfte man anlässlich der Bundesgartenschau von 1967 an diese Gestaltungsstruktur wieder an und entwickelte die Anlage als großen öffentlichen Landschaftspark weiter. Plastiken vom Barock bis zur Moderne, Denkmäler, Brunnen, Wassersäulen und der große Schlossgartensee beleben und akzentuieren die Grünflächen, die sich im Sommer zu Karlsruhes größter Liegewiese verwandeln.

Nicht nur zu den schönsten Orten der Stadt, sondern auch zu den bedeutendsten historischen Gärten Deutschlands zählt der von Hübsch

in den Jahren 1835 bis 1857 neu angelegte Botanische Garten. Der romantische »Wundergarten«, der sich zwischen dem Schlossgarten, der Kunsthalle und dem Bundesverfassungsgericht erstreckt, verzaubert durch seine gärtnerische Üppigkeit, durch Pflanzenexotik und seine in sich geschlossene Architektur, die Orangerie, die öffentlich zugänglichen Gewächs- und Tropenhäuser und das große Torgebäude gleichermaßen. An die Blütenleidenschaft des Stadtgründers erinnert das Meer von Tausenden »Blausternchen«, die zum Frühlingsauftakt an der Kunsthalle blühen.

www.botanischer-garten-karlsruhe.de

3 | Das Bundesverfassungsgericht

»Karlsruhe hat entschieden!«

»Grundgesetzliches« kommt aus Karlsruhe. Seit 1950 beziehungsweise 1951 Sitz der obersten bundesdeutschen Rechtsinstanzen – dem Bundesverfassungsgericht, dem Bundesgerichtshof und der Bundesanwaltschaft – steht Karlsruhe als demokratische Schutzburg des Bürgers seit über 60 Jahren felsenfest in den Gezeiten von Recht und Unrecht. Wer »nach Karlsruhe geht«, hat das Grundgesetz auf seiner Seite.

Wenn das Bundesverfassungsgericht (BVG) zusammentritt, geht es vor allem um Grundsätzliches. Wer die markantesten Urteile des 16-köpfigen Richterteams der vergangenen Jahre unter die Lupe nimmt, kann nicht leugnen, dass es sich die »Elite der deutschen Justiz« bei ihrer Entscheidungsfindung wahrlich nicht leicht macht. Sie ist schließlich die letzte Instanz und als solche hat sie eine Menge zu verantworten: Die (Nicht-)Legalität von Schwangerschaftsabbrüchen ebenso wie die Abschaffung der Drei-Prozent-Sperrklausel im Europawahlrecht.

Und wenn so mancher bei der einen oder anderen Entscheidung aus Karlsruhe »rot sieht«, kann es vielleicht auch an der Kleiderordnung liegen. Trägt die Justiz an Deutschlands Gerichten normalerweise Schwarz, so fallen die Verfassungsrichter allein schon durch ihre roten Roben aus dem Rahmen. Das Verfassungsgericht selbst zeigt sich hingegen bescheiden, zwischen dem imposanten Gebäude der Staatlichen Kunsthalle, dem Schlossplatz und dem Botanischen Garten gelegen, geht es hier auch architektonisch – dem Auftrag gemäß – recht neutral und transparent zu. Im Jahr 1969 wechselte das Gericht von seinem ersten 1951 bezogenen Karlsruher Domizil, dem Prinz-Max-Palais, in den von dem Architekten Paul Baumgarten entworfenen Neubau am westlichen Schlossplatz.

Dass Baumgarten eigentlich den Wettbewerb für das an dieser Stelle, am Platz des einstigen Hoftheaters, projektierten neuen Theaters gewonnen hatte, das aber wieder verworfen wurde, und er dann ohne Wettbewerb das Verfassungsgericht bauen durfte, sorgte in Fachkreisen für Kritik. Entstanden ist ein schlichter, funktionaler, der klassischen

Moderne verpflichteter Komplex aus fünf Kuben. Dessen zentrales Element ist das Sitzungssaalgebäude mit dem zweiseitig verglasten Plenarsaal, der an der Stirnseite von dem von Hans Kindermann, dem ehemaligen Direktor der Staatlichen Kunstakademie Karlsruhe, geschaffenen Bundesadler »überwacht« wird. Die bauliche Erweiterung des Verfassungsgerichtes Richtung Botanischer Garten erfolgte zwischen 2011 und 2014 nach Plänen des Architekten Michael Schrölkamp.

www.bundesverfassungsgericht.de

4 | Die Majolika Manufaktur

Nostalgische Schönheit trifft Innovation

Was haben Sophia Loren, Rock Hudson, Nelson Mandela oder Königin Máxima gemeinsam? Sie alle wurden mit medienwirksamen internationalen Auszeichnungen made by Majolika Karlsruhe geehrt, die einen in den 1950er und 1960er Jahren mit dem »Bambi«, die andern mit dem »Deutschen Medienpreis«. Die einzige noch produzierende Keramikmanufaktur Deutschlands, die »Staatliche Majolika Manufaktur Karlsruhe«, hat sich mit innovativen Ideen der Tradition verschrieben. Das ist das Erfolgsrezept der seit über 110 Jahren bestehenden Manufaktur, die in Schlossnähe, fast dornröschenhaft anmutend, idyllisch mitten im Wald liegt.

»Die Keramik ist eine Leidenschaft, wen sie einmal erfasst hat, lässt sie nicht mehr los!« Diese Begeisterung für tönerne Kunst des Malers und Majolika-Mitbegründers Hans Thoma zu Beginn des 20. Jahrhunderts ist heute noch bei Künstlern, Sammlern, Kunden und Besuchern der Manufaktur gleichermaßen zu spüren.

1901 unter Großherzog Friedrich I. aus dem Gedanken des Jugendstils heraus gegründet, geprägt vom freien Geist Hans Thomas und des italienisch inspirierten Malers und Keramikmeisters Wilhelm Süs, war und ist die Karlsruher Manufaktur auch stets Förderin neuer kreativer Strömungen im Zeichen zukunftsweisenden Kunsthandwerks und Designs. Eine Pionierrolle, die bereits drei Jahre nach der Gründung mit dem Grand Prix der Weltausstellung in St. Louis ausgezeichnet wurde.

Auch heute noch steht die »Majolika« für Einzigartiges. Von Künstlerhand entworfene Kleinserien, Unikate und limitierte Auflagen von Künstlern und Designern wie Markus Lüpertz oder Luigi Colani beweisen den hohen Qualitätsanspruch der Manufaktur. Neue Produktideen, eine vielfältige Auswahl an Objekten und Kollektionen, künstlerisch gestalteten Accessoires für den Wohnbereich, Präsenten, Brunnen und Gartenkeramiken, Kaminen und Öfen sowie Kunst am Bau machen die unverwechselbare Produktlinie aus.

Es lohnt sich, sich der Manufaktur auf adäquatem Weg zu nähern. Ein 400 Meter langes Band aus blauen Majolikaplatten, der »Blaue

Strahl«, führt vom Schlossturm quer durch den Schlossgarten und ein kleines Stück des Hardtwaldes zum Gesamtensemble aus Manufaktur, Galerie, Ateliers, dem Restaurant »Cantina Majolika« und dem Majolika-Museum. Letzteres zeigt einen spannenden Querschnitt durch die einzigartige Produktionsgeschichte der Karlsruher Majolika Manufaktur. Neben keramischen Exponaten verdeutlichen Inszenierungen, etwa ein Raum des Berliner Admirals-Palastes, das immense Spektrum der »Majolika«.

www.majolika-karlsruhe.de
www.majolika-museum.de

5 | Die Staatliche Kunsthalle

Imposante Schatzkammer der Kunstgeschichte

»Es wird verfügt, dass die Kunsthalle wöchentlich drey Mal, und zwar am Montag, Mittwoch und Freitag jedesmal Vormittags von 10–1 Uhr, für das Publikum geöffnet werden solle.« Wer ob dieser heute nicht sehr besucherfreundlich anmutenden Öffnungszeiten der »Staatlichen Kunsthalle« verwundert ist, kann beruhigt werden: Diese Öffnungszeiten aus dem Gründungsjahr 1846 wurden von Großherzog Leopold, dem Gründer der Kunsthalle, persönlich verordnet. Dass sich die Karlsruher Kunsthalle, einer der ältesten öffentlichen Museumsbauten Deutschlands, zum internationalen Besuchermagneten entwickeln sollte, war zu diesem Zeitpunkt nicht zu erahnen.

Mit dem Bau der »Großherzoglichen Gemäldegalerie« wurde der großherzogliche Baudirektor Heinrich Hübsch beauftragt, dessen von der italienischen Renaissance inspirierter Museumsbau von ihm als Ort gestaltet wurde, an dem »Auge, Gefühl und Gedanke Hand in Hand gehen«. 50 Jahre später wurde die Kunsthalle von Josef Durm durch einen Ostflügel erweitert, 1908 ergänzte Heinrich Amersbach den Nordflügel, heute Sitz des Hans-Thoma-Museums. 1990 erhielt die Kunsthalle eine moderne Ergänzung durch den Karlsruher Architekten Heinz Mohl. Zum Museumskomplex dazu gehört die von Hübsch ursprünglich für den Botanischen Garten erbaute Orangerie.

Welchen Eindruck muss die Sammlung auf die Bürger der Stadt gemacht haben, die von dem Gebäude an sich, voran vom prächtigen Portal mit den fünf allegorischen Reliefs, mächtig beeindruckt waren? Noch heute begeistert das große, treppenhausfüllende Fresko »Die Einweihung des Freiburger Münsters« von Moritz von Schwind, das ein besonderes Motiv der badischen Geschichte darstellt. Besuchermagnet der Karlsruher Sammlung ist das einzigartige, um 1525 entstandene Tafelbild »Kreuztragung Christi« von Matthias Grünewald, das zu den Hauptwerken der europäischen Kunst zählt.

Zum Bestand der Staatlichen Kunsthalle gehören 3461 Werke der Sparten Malerei und Skulptur sowie 100 000 Werke auf Papier. Das Kupferstichkabinett zählt zu den ältesten graphischen Sammlungen

Europas. In der permanenten Ausstellung der Kunsthalle ist eine Auswahl von 800 Exponaten, darunter Werke deutscher, französischer und niederländischer Meister, zu bestaunen. Dazu gehören große Maler wie Dürer, Grünewald, Cranach, Rembrandt, die Impressionisten Cézanne, Pissarro und Courbet sowie Künstler der Moderne wie Matisse, Kandinsky, Klee und Nolde. Darüber hinaus präsentiert die Karlsruher Kunsthalle jährlich bis zu acht Sonderausstellungen.

www.kunsthalle-karlsruhe.de

6 | Der Marktplatz

Klassizismus in Reinform

Das sprichwörtliche »Licht unter dem Scheffel« scheint in Karlsruhe seine Wiege zu haben, denn hier wuchert man nicht mit seinen Pfunden, sondern geht sparsam, fast grammweise mit seinen »Leuchttürmen« um. Nur nicht zu weit aus dem Fenster lehnen, man könnte ja herausfallen. Und so wundert es nicht, dass Karlsruhes attraktivstes »Pfund« schlicht und ergreifend »Marktplatz« heißt. Nicht »Platz der Pyramide« oder zumindest nach dem dort beigesetzten Stadtgründer »Markgraf-Karl-Wilhelm-Platz«, nein, man muss schon die Kirche im Dorf oder in diesem Falle den Marktplatz auch namentlich dort belassen, wo er bereits seit 1780 als Markt verortet ist.

Dabei ist dieser nur wenige Schritte vom einstigen Residenzschloss entfernte »bürgerliche« Platz alles andere als gewöhnlich, alles andere als ein rein merkantil ausgerichteter Ort. Dieser Platz im Herzen der City ist das Prunkstück der Stadt! Die vom großen Baumeister Friedrich Weinbrenner auf der vom Schloss ausgehenden zentralen Nord-Süd-Achse, der »Via Triumphalis«, als Kernstück konzipierte Anlage, gilt weltweit als Paradebeispiel klassizistischer Baukunst.

Bereits 1797 wurde Weinbrenner von Markgraf Karl Friedrich, dem Enkel des Stadtgründers, mit der Marktplatzgestaltung rund um die Konkordienkirche, die an der Stelle der heutigen Pyramide stand, beauftragt. Noch heute offensichtlich, schuf er ein klassizistisch klar gegliedertes bürgerliches Pendant zum barock anmutenden aristokratischen Schlossplatz. Mit seinen zentralen Elementen, dem Rathaus, der Evangelischen Stadtkirche und den noch teilweise erhaltenen dreigeschossigen Bürgerhäusern ist der Marktplatz ein unverkennbares Symbol erwachter bürgerlicher Emanzipation.

Einzig die Pyramide, das heutige Wahrzeichen der Stadt, setzt an diesem Platz ein Zeichen des Badischen Herrscherhauses. Hier ruht das »Herz« des Stadtgründers, umrankt von vielen Anekdoten und Gerüchten. Die von Weinbrenner im Rahmen seines Baukonzeptes 1807 abgerissene Konkordienkirche war auch Grablege Karl Wilhelms. Da eine Verlegung der Gruft aber nicht in Frage kam, baute Weinbrenner zuerst

eine hölzerne Pyramide, die das Grabmal während der Bauphase des Platzes schützen sollte. Aus dem Provisorium entstand Weinbrenners Idee einer steinernen Pyramide, die – in Europa gerade durch Napoleons Ägypten-Feldzug en vogue – 1825 als endgültige Grablege des Markgrafen eingeweiht wurde. Das 6,50 Meter hohe Denkmal wurde seither nur wenige Male, zuletzt 1998, geöffnet und ist aus Pietätsgründen öffentlich nicht zugänglich.

7 | Das ZKM – Zentrum für Kunst- und Medientechnologie Karlsruhe

International maßgebliches Zentrum für Medienkunst

Tagelang könnte man sich hier aufhalten! Von seinem Spiritus Rector Heinrich Klotz als »das elektronische Bauhaus« Ende der 80er Jahre erdachte ZKM, das in der ehemaligen Munitionsfabrik 1997 eröffnete »Zentrum für Kunst und Medientechnologie Karlsruhe« gilt weltweit als die führende Institution für eine künstlerische wie wissenschaftliche Auseinandersetzung mit der Entwicklung neuer Informationstechnologien. Präsentationsfläche für Medienkunst und Forschungsinstitut zugleich, ist das ZKM Schrittmacher zur Überwindung der einst als unüberbrückbar erscheinenden Gegensätze von freier Kunst und zielbestimmten Technologien.

So versteht sich das ZKM als »Plattform für Experiment und Diskussion« im Zeitalter der virtuellen Welten, des Cyberspace, der unbegrenzten Kommunikation und der schrillen Game-Horizonte. Künstlerische Produktionen und Forschung, Ausstellungen und Veranstaltungen, Vermittlung und Dokumentation sind die zentralen Bereiche des ZKM. Hier gibt es weder Alters- noch Wissensgrenzen, weder vorgeschriebene, unumstößliche Kulturinterpretationen noch von der Kritik der Bürger ausgeschlossene Kunstpositionen, sondern ein ausgeprägtes Gespür für künstlerische Reflexion, aktuelle kulturelle Diskurse und vermeintliche kulturpolitische Ausnahmezustände.

Als weltweit maßgebliches Zentrum für Medienkunst, digitale Klangkunst und Bildmedien setzt sich das ZKM seit 1999 unter der Leitung des Kunst- und Medientheoretikers, Künstlers und Kurators Peter Weibel »in Theorie und Praxis mit den neuen Medien auseinander, erprobt mit Eigenentwicklungen ihr Potenzial, stellt mögliche Nutzungen exemplarisch vor und setzt sich kritisch mit der Gestaltung der Informationsgesellschaft auseinander«, so das ZKM in seiner Eigendarstellung. Dabei gelingt dem ZKM-Medienmuseum, dem weltweit ersten und einzigen Museum für interaktive Kunst, eine über den interaktiv-spielerischen Charakter der medienkünstlerischen Gesamtschau hin-

ausgehende »kritische Auseinandersetzung mit den Produkten einer gleichermaßen kommerziell wie global orientierten Kultur«.

Das Museum für Neue Kunst (MNK), das sich als weitere Abteilung des ZKM in den Lichthöfen 1 und 2 des Gebäudekomplexes befindet und eng mit international renommierten Kunstsammlungen, darunter die Sammlung Boros, FER und VAF-Stiftung/MART, zusammenarbeitet, versteht sich als internationales Künstler-Forum. Das MNK präsentiert auf einer Ausstellungsfläche von 7000 Quadratmetern vor allem aktuelle Positionen internationaler künstlerischer Produktionen.

www.zkm.de

8 | Die Villenkolonie Baischstraße

Ein Gesamtkunstwerk des Jugendstils

Stolz sprengt der »Mann mit der Pickelhaube« auf seinem Schlachtross dahin, so als wisse nur er, wo es hingeht. Heute ist das 1897 eingeweihte Kaiser-Wilhelm-I.-Denkmal am »Kaiserplatz« nur noch ein Fixpunkt, wo im Verkehrsgewirr des nahen Mühlburger Tores man sich befindet. Möglichst schnell hat man sich hoffentlich auf die richtige Fahrspur gequetscht, den Kaiser links liegen lassen, und schon ist man vorbei. Vorbei an dem, was man aus dem Augenwinkel doch noch wahrgenommen hat: den Eingang zum größten Jugendstil-Ensemble Karlsruhes, der Baischstraße.

»Die Baischstraße wurde 1900–1903 als Privatstraße angelegt und bebaut. Alle Gebäude entwarf Hermann Billing. Die Anlage gilt als dessen Hauptwerk«, ist auf einem blauen Denkmalschild am Toreingang an der Stephanienstraße zu lesen. Doch bevor man die »Privatstraße« der einstigen Villenkolonie betritt, sollte man seine Aufmerksamkeit auf die Fassade des Torgebäudes richten, das ursprünglich – typisch für Billings Hang zur Provokation – im westlichen Giebel eine überlebensgroße goldene Nackte beherbergte.

Tatsächlich gilt die Bebauung der Baischstraße als das ambitionierteste Projekt des Karlsruher Architekten. Sechs Einfamilienhäuser und ein mächtiges Doppel-Mietwohnhaus wurden von ihm in nur knapp vier Jahren zu einem Jugendstil-Gesamtkunstwerk realisiert. Dabei ist jedes der Häuser ein unverkennbares Unikat, keines gleicht dem andern, nichts wiederholt sich, nicht einmal die Farbglasfenster – und doch ist der Jugendstilcharakter unverkennbar.

Und alle sind sie sehenswert. Wunderschön und wohl noch im Originalzustand das Haus Baischstraße Nr. 1. Die Nr. 3 ist ein Gesamtkunstwerk an sich. Hier zeigt sich Billings Gestaltungsidee besonders deutlich: Das grob behauene Mauerwerk steht in deutlichem Kontrast zu den kunstvollen Ornamenten der Fassade, so schwingen die Erker organisch aus ihr heraus. Die grüne Eingangstür mit dem Kauz-Türklopfer ist ein beliebtes Fotomotiv.

Ganz anders präsentiert sich Billings Baustilistik in der Baischstraße Nr. 5. Hier fügen sich Elemente des »Heimatstils« mit der Formensprache des Jugendstils zu einem »Schwarzwaldlook« zusammen, der besonders am Giebel der Ostfassade zum Ausdruck kommt. Die komplette Verschindelung der Fassade verbindet sich mit den gemalten Jugendstil-Ornamenten der Fensterläden und des Giebels zu einer ländlichen anmutenden Architektur.

Die Baukunst der Baischstraße lockte selbst renommierte Architekten wie Le Corbusier oder Bruno und Max Taut nach Karlsruhe.

9 | Der Hauptfriedhof

Kein »Tatort« ohne ein Stück Karlsruhe

Sie glauben, dass jede Grabszene, die beim »Tatort« gezeigt wird, auch tatsächlich in der jeweiligen Krimi-Stadt gedreht wurde? Sie irren sich! Der Filmstar unter den deutschen Friedhof-Filmsets ist der Karlsruher Hauptfriedhof. Mit seinem außergewöhnlichen landschaftsarchitektonischen Charme doubelt er konkurrenzlos – Sonntag für Sonntag.

Diesen Friedhof im Osten der Stadt sollte man gesehen haben! Er ist nicht nur der älteste kommunale Parkfriedhof in Deutschland, sondern gilt bei Friedhofsexperten als gestalterisches wie inhaltliches Vorbild für modernes Friedhofswesen europaweit!

Bestattungskultur darf nicht in starren Regeln verharren, sondern muss sich veränderten gesellschaftlichen Bedingungen öffnen. Davon ist man in Karlsruhe überzeugt und davon kann man sich auch selbst bei einem Spaziergang durch die 34 Hektar große Friedhofsanlage ein Bild machen. Neu konzipierte Bestattungsareale des seit 2000 entwickelten »Friedpark Karlsruhe®« mit dem Landschaftsgräberfeld »Mein letzter Garten«, dem symbolischen Trauerweg »Lebensgarten« oder den »Kinderwelten«, einem Areal für trauernde Kinder und Jugendliche, gelten als zukunftsweisend für eine neu definierte Trauerkultur.

Dabei begann die besondere Gestaltung des Karlsruher Hauptfriedhofs bereits 1874 mit der von Baudirektor Josef Durm konzipierten Friedhofsanlage. Durm lehnte sich an die Prinzipien der englischen Gartengestaltung und Landschaftsplanung an. Das Erscheinungsbild des Friedhofes, auch getragen von der Idee einer Erholungsfläche, trat in den Vordergrund. Entgegen der bis zu dieser Zeit üblichen barocken, streng symmetrischen Form einer solchen Anlage modellierte er eine Parklandschaft mit unregelmäßigen Feldern, gewundenen Haupt- und Seitenwegen, mit Platanen und Eiben bepflanzten Alleen.

Beachtenswert sind auch die Gebäude des Eingangsbereichs des Friedhofs. Das Torportal, den Campo Santo mit der Großen Kapelle und die an sie anschließenden Gruftenhallen schuf Durm im Stil der italienischen Frührenaissance. Der Säulengang mit den sich darunter befin-

denden Gruften zeigt deutliche Bezüge zum Findelhaus in Florenz, die Fassade der Kapelle ist an die kleine Kirche Oratorio di San Bernardino in Perugia angelehnt.

Auf dem Karlsruher Hauptfriedhof finden sich darüber hinaus die Gräber vieler Karlsruher Persönlichkeiten aus Kunst, Kultur, Politik, Wissenschaft, Wirtschaft, Handwerk und Handel, darunter die letzten Ruhestätten vieler Maler und Bildhauer der Region, allen voran Hans Thoma.

www.friedhof-karlsruhe.de

10 | Durlach

Die charmante Mutter Karlsruhes

»Falls Sie im Laufe Ihres Aufenthalts mit einem alteingesessenen Durlacher ins Gespräch kommen, versichern Sie Ihrem Gegenüber, wie gut Ihnen Durlach gefällt. Wenn Sie dann noch *Dorlach* statt *Durlach* sagen, gehören Sie fast schon dazu.« Dieser wohlgemeinte, augenzwinkernde Ratschlag einer mit allen Wassern der Pfinz gewaschenen Durlacherin gilt nicht nur »fremden« Besuchern, sondern auch »denen aus der Stadt«, gemeint sind die Karlsruher. »Dorlach bleibt Dorlach«, ist eben Durlach und nicht Karlsruhe, auch wenn die »liebreizende Mutter Karlsruhes« bereits vor über 75 Jahren eingemeindet wurde. Die einstige, 1565 gegründete markgräflich-badische Residenz gab 1715 zwar ihren Titel, nicht aber ihre Würde an ihre Tochter »Carolsruhe« ab, auch nicht, als sie 1938 gegen den ausdrücklichen Willen der Durlacher in die Stadt Karlsruhe »eingegliedert« wurde.

Im Jahr 1196 erstmals als »opidum« urkundlich erwähnt, ist Durlach die älteste Stadt auf Karlsruher Gemarkung. Über 800 Jahre Geschichte prägen die ursprüngliche Staufergründung und spätere Residenz- und Bürgerstadt zu einem noch heute an vielen Stellen erkennbaren einmaligen Stadtgefüge. Dabei ist es nicht nur die Mitte des 12. Jahrhunderts angelegte, heute noch an einigen Stellen erhaltene, einem Hufeisen ähnelnde Ringmauer, die das besondere Bild Durlachs ausmacht. Verwinkelte Gassen, Straßennamen wie Bienleintor, Ochsentor oder das einzig noch erhaltene Stadttor, das Baslertor, sorgsam renovierte Baudenkmäler wie das alte Residenz-Schloss, die Karlsburg, oder der vom Rathaus von 1718 herabblickende »Karle mit de Dasch« künden von einem damals wie heute lebendigen Durlach.

Ob das verwinkelte »Bädergässle«, der alte Friedhof, die »Orgelfabrik« oder der zentrale Marktplatz, fast jeder Ort innerhalb des historischen Altstadtkerns hat eine besondere »Dorlacher Gschicht« zu erzählen. Bei einem Rundgang erfährt man vom 1586 gegründeten »Gymnasium illustre«, das sich dank vorzüglicher Pädagogen fast zu einer kleinen Universität entwickelte, von der einst berühmten Durlacher Fayencen-Manufaktur, von den Durlacher Vorfahren des berühm-

ten amerikanischen Malers Lionel Feininger oder vom umtriebigen Saumarkt. Besonders der Schlossgarten spiegelt heute noch ein Stück vom Glanze der einstigen Residenz wider. Man kann verstehen, dass die »alte« Mutter Durlach mit ihrer rundum authentischen Schönheit, ihren historischen Runzeln und ihrem junggebliebenen Herzen die Konkurrenz ihrer Tochter nicht fürchten muss.

www.durlach.de

Die 40 Highlights

vom Zentrum zum Stadtrand

11 | Der Fasanengarten

Wo sich Fuchs und Hase gute Nacht sagen

Ausgerechnet der großen Jagdleidenschaft des Stadtgründers Karl Wilhelm ist es zu verdanken, dass das vor allem bei Studierenden der Universität beliebte friedlich üppige Grün zwischen Schlossgarten und Hardtwald heute zu den Karlsruher Natur-Highlights zählt. Ursprünglich als Fasanerie außerhalb des Schlossbezirks angelegt, ist der heute noch nach seinem Nutzungszweck benannte Fasanengarten mit seinen parkartigen Arealen und komplett geschlossenen Waldbeständen mehr ein Parkwald als nur ein Garten.

Wer nicht auf den zur Bundesgartenschau 1967 angelegten Hauptwegen auf der Hauptachse zwischen dem schlossseitigen Hirschtor und dem Adenauerring spazieren oder radeln möchte, der findet nur ein paar Schritte davon entfernt verwunschene Wege und ruhige, beschauliche Orte im Waldesgrün unter teilweise über 300 Jahre alten Bäumen. Nur wenige Gehminuten vom rauschenden Getöse der Innenstadt gelegen, lockt hier zivilisationsentrückte Stille, begleitet von typischen Waldgeräuschen und vielleicht einer Begegnung mit einem der größten Käfer Europas, dem vom Aussterben bedrohten Eichenheldbock.

Hier sagen sich vielleicht auch Fuchs und Hase gute Nacht, was dem Markgrafen sicherlich wegen seiner »wertvollen Wild-Menagerie« damals ein Dorn im Auge war. Der heutige »Parkwald Fasanengarten« war daher ursprünglich komplett von einer drei Meter hohen Mauer umgeben. Reste davon sind noch an der Großherzoglichen Gruft zu sehen. Bereits im Jahr 1714 – also vier Jahre vor der Stadtgründung – ließ Markgraf Karl Wilhelm von Baden-Durlach in seinem im Hardtwald liegenden Jagdrevier den Fasanengarten mit kleinem Wildpark anlegen. Hier wurden nicht nur einheimisches Wild und ausländische Tierarten gehegt, sondern vor allem auch Jagdvögel gezüchtet. Ein Geschenk des Zaren Alexander I., eine beträchtliche Zahl russischer Biber, legte den Grundstock für die heute noch als Senke erhaltene »Biberburg«.

An einer Waldlichtung, der »Bocksblöße«, ließ Karl Wilhelm ein Jagdhaus aus Holz errichten. Seit 1765 befindet sich an dieser Stelle das noch heute erhaltene, denkmalgeschützte Fasanenschlösschen, das

im Einklang mit den beiden gegenüberliegenden, im chinesischen Stil gestalteten Teehäuschen, dem einstigen Domizil der Silber- und Goldfasanen, zu den heutigen »Exoten« im Fasanengarten zählt. Erst 1918 wurde der fürstliche Fasanengarten für das Publikum geöffnet. Gejagt wird heute noch in unmittelbarer Nähe, allerdings nach Toren in dem an ihn angrenzenden Stadion des Karlsruher Sportclubs.

12 | Die Großherzogliche Grabkapelle

Ein zentrales Monument der badischen Geschichte

Dass es sich bei der mitten im Karlsruher Hardtwald stimmungsvoll in der Lärchenallee, auf einer der östlichen Achsen des Karlsruher Schlosses am Rande des Fasanengartens gelegenen Großherzoglichen Grabkapelle um ein kostbares kulturhistorisches Juwel handelt, davon konnte man sich in den vergangenen 50 Jahren meist nur zu besonderen Anlässen überzeugen. Seit 2011 ist das historische Kleinod mit seinen wunderschön gestalteten Marmorsarkophagen regelmäßig für Besucher geöffnet.

Das großherzogliche Mausoleum zählt zu den bedeutendsten Monumenten der badischen Geschichte. Gebaut wurde die Grabkapelle im Auftrag des badischen Großherzogs Friedrich I. und seiner Gemahlin Luise von Preußen. Ihr 1888 verstorbener jüngster Sohn Prinz Ludwig Wilhelm sollte in der »Abgeschiedenheit des Waldfriedens« ungestört ruhen. In der neu angelegten separaten Grablege konnte das Großherzogspaar ungestört um seinen Sohn trauern.

Vorbild für die Grabkapelle war das königliche Mausoleum im Park des Charlottenburger Schlosses in Berlin aus dem Jahre 1810, das für die preußische Königin Luise, Großmutter der Großherzogin, errichtet wurde. Die Großherzogliche Grabkapelle gilt unter Kunsthistorikern als Baudenkmal von höchster künstlerischer Gestaltungsqualität. Nach sieben Jahren Bauzeit wurde das neogotische Gebäude mit seinem weithin sichtbaren hohen Turm und den Fialen, Wasserspeiern und Drachenfiguren des Karlsruher Bildhauers Wilhelm Sauer am 29. Juni 1896 geweiht.

Sehenswert sind vor allem die weißen Marmorsarkophage von Großherzog Friedrich I., seiner Gemahlin Großherzogin Luise und ihrem Sohn Ludwig Wilhelm im oberen Kirchenraum. Der Karlsruher Bildhauer Hermann Volz griff die mittelalterliche Form eines Sarkophags mit Liegefigur auf. Die lebensgroße Figur des badischen Prinzen ruht im Militärmantel auf Decken und Kissen. In den gefalteten Händen hält er einen Rosenzweig und den Griff seines Degens. Gemäß dem Zeitgeist ist sein porträtgetreues Antlitz das eines friedlich Schlafenden. Die Plas-

tizität und lebensnahe Intensität vermitteln noch heute den Eindruck, dem längst Verstorbenen ins Gesicht blicken zu können.

In der unter dem Kirchenraum liegenden Krypta befindet sich die Fürstengruft der letzten Großherzöge von Baden und ihrer Familienangehörigen, insgesamt 18 Mitglieder der badischen Dynastie. Im Jahre 1952 fand mit der Beisetzung der badischen Großherzogin Hilda die letzte Bestattung in der Großherzoglichen Grabkapelle statt.

www.grabkapelle-karlsruhe.de

13 | Das KIT – Campus Süd und Nord

Der größte »Think Tank« Deutschlands

Im Oktober 2009 ging ein Raunen durch die deutsche Universitäts- und Forschungslandschaft und man zeigte auf Karlsruhe. Mit einem in Deutschland bisher einmaligen Zukunftskonzept, dem Zusammenschluss der Karlsruher Universität mit dem Forschungszentrum der Helmholtz-Gemeinschaft im 12 Kilometer entfernten Eggenstein-Leopoldshafen entstand die größte deutsche Wissenschaftseinrichtung, das »Karlsruher Institut für Technologie« (KIT). Hier verschmelzen seither programmorientierte Forschung und universitäre Lehre zu einem einmaligen »Think Tank«.

Die Wurzeln der Karlsruher Universität gehen auf das 1825 gegründete »Polytechnikum« zurück. Im Jahr 1865 von Großherzog Friedrich I. zur Technischen Hochschule erhoben und erst 1967 zur »Universität Karlsruhe« ernannt, steht die Hochschule, heute KIT Campus Süd, für bahnbrechende Leistungen: Hier studierte der Automobilpionier Carl Benz, bewies Heinrich Hertz im Jahr 1886 die Existenz der elektromagnetischen Wellen, wurde 1903 in Deutschland zum ersten Mal eine Frau zum technischen Studium zugelassen, entwickelte der Nobelpreisträger Fritz Haber mit Carl Bosch die Ammoniaksynthese, lehrte von 1949 bis 1970 der große Architekt Egon Eiermann, wurde 1972 Deutschlands erste Informatik-Fakultät gegründet und am 3. August 1984 die erste Internet-E-Mail Deutschlands empfangen.

Das Forschungszentrum Karlsruhe, heute KIT Campus Nord, im Hardtwald auf einer Fläche von zwei Quadratkilometern gelegen, wurde 1956 als Reaktorbau- und Betriebsgesellschaft gegründet und später in »Kernforschungszentrum Karlsruhe« umbenannt. Lag die Ausrichtung ursprünglich auf dem Gebiet der Kernenergie-Entwicklung sowie der kernphysikalischen Grundlagenforschung und befanden sich dort bis 1991 mehrere Forschungs-Kernreaktoren, stehen heute nicht-nukleare Aufgaben, voran Energie-, Klima- und Umweltforschung sowie Nanotechnologie im Vordergrund.

Ein Rundgang über den KIT Campus Süd, der in unmittelbarer Nähe zur Innenstadt und dem Schlossgarten liegt, spiegelt mit seiner facet-

tenreichen Architektur, Technikobjekten, Kunstwerken und Denkmälern auf plastische Weise die über 185-jährige Universitätsgeschichte wider. Hat man sich zu einer Besucherführung für den KIT Campus Nord angemeldet, gibt es hier hypnotisierende Wissenschaft zu entdecken. Die beiden Forschungsanlagen KATRIN, die »genaueste Waage der Welt« zur Erforschung des Neutrino, und die bioliq-Pilotanlage, die es schafft, aus Stroh Biokraftstoff herzustellen, sollte man unbedingt gesehen haben.

www.kit.edu

14 | Der Platz der Grundrechte

Jutta Limbach im Dialog mit einem Taschendieb

Neunzehn Grundrechte stehen am Anfang des Grundgesetzes, ihre Verwirklichung ist ausdrückliche Aufgabe aller staatlichen Gewalt. Die Grundrechte sind die Säulen der Demokratie. Aber wie viel Platz räumt man ihnen ein, wo sind die Grenzen? Den Grundrechten genügend Platz einräumen – ein schönes Bild, das in Karlsruhe seit 2005 durch den »Platz der Grundrechte« auf eindrückliche Weise visualisiert ist. Mit dem kulturpolitisch konnotierten Kunstwerk des Konzeptkünstlers Jochen Gerz unterstreicht Karlsruhe seine Bedeutung als »Residenz des Rechts«. Dabei ist der »Platz der Grundrechte« als multipolares Kunstwerk im öffentlichen Raum, das heißt mit zentraler und gleichzeitig dezentraler Verortung im Stadtgefüge zu finden.

»Der Mensch kann nicht vom Recht alles erwarten.« »Das Recht gibt es nur auf dem Papier.« »Die Gesetze schützen die anderen vor mir und mich vor mir selbst.« 48 Statements, persönliche, meist sehr gegensätzliche Aussagen zum Thema Recht hat Jochen Gerz für seine zentrale Version des Platzes – zwischen Zirkel und Schlossplatz und in unmittelbarer Nähe zum Bundesverfassungsgericht – vereint. 24 emaillierte Schilder versammeln auf provokante doppelzüngige Weise auf Vorder- und Rückseite »Rechts-Urteile« sowohl aus prominentem Munde, beispielsweise von Jutta Limbach, der ehemaligen Präsidentin des Bundesverfassungsgerichts, als auch von mit dem Gesetz in Konflikt geratenen Personen.

Die Stimmen des Rechts sind darüber hinaus an weiteren 24 dezentralen Plätzen der Stadt zu finden, beispielsweise an der ehemaligen Synagoge in der Kronenstraße, an der Landesaufnahmestelle für Flüchtlinge, am Ständehaus, oder – so wollte es der freie Bürgerwille – auch am Bundesverfassungsgericht. »Viele Standorte sind oder waren Schauplatz von Recht und Unrecht und alle zusammen geben den Blick frei auf die Geschichte der Stadt aus der Sicht der Bewohner«, erläutert Gerz den zweiten Teil seines Kunstwerkes. Ausgewählt wurden 24 konkrete Orte der Stadt, die Karlsruher Bürgerinnen und Bürger nach ihrem Rechtsverständnis für exemplarische Rechts-Orte halten.

Mit dem »Platz der Grundrechte« gibt Karlsruhe eine doppelte Antwort auf die Frage, wie viel Platz das Recht in unserer Demokratie innehat, eine künstlerische und politische gleichermaßen: Platz genug, damit der Souverän, der Bürger, die Grenzen seiner eigenen Rechtsfreiheit nicht aus den Augen verliert. Dabei nimmt man auch in Kauf, dass der Grundrechte-Platz dem einen oder anderen den Blick auf die Schlossidylle verstellt. Ob das gerecht ist?

15 | Die Evangelische Stadtkirche

Friedrich Weinbrenners berühmtester Sakralbau

Weit über das Stadtzentrum hinaus ist das tiefe Geläut der fünf Glocken der Evangelischen Stadtkirche am Karlsruher Marktplatz zu hören, so als müsste sie mit unmissverständlichem Ton verkünden: Ich bin die Größte. Was sie unter den Kirchen in Karlsruhe ob ihrer exponierten Lage mitten in der Stadt, ob ihrer imposanten Säulenarchitektur, ob ihrer Bedeutung als Haupt- und Predigtkirche des evangelischen Landesbischofs von Baden auch ist. Nach Plänen des berühmten Karlsruher Architekten Friedrich Weinbrenner als Kathedralkirche des Landes Baden im Auftrag von Großherzog Karl Friedrich erbaut, gilt sie seit ihrer Einweihung am 2. Juni 1816 als einer der beeindruckendsten klassizistischen Sakralbauten Europas.

Nach dem Vorbild eines griechischen Tempels mit einem monumentalen Säulenportikus aus sechs korinthischen Säulen und einer Vorhalle von Weinbrenner gestaltet und dem Rathaus direkt gegenübergestellt, schuf dieser an der Ostseite des Marktplatzes ein unübersehbares Symbol geistlicher Macht. Korrespondierend mit der Architektur des Rathauses bildet die Stadtkirche gemeinsam mit dem Rathaus ein in Deutschland einmaliges klassizistisches Ensemble.

Wie auch bei der von Weinbrenner erbauten katholischen Pfarrkirche St. Stephan sticht der 61,70 Meter hohe Glockenturm besonders ins Auge. Er verstärkt mit den flankierenden Gebäuden rechts und links der Stadtkirche den monumentalen Charakter des Bauwerks. Ob Weinbrenner von Beginn an einen Glockenturm geplant hatte, ist umstritten. Übermittelt ist jedoch, dass der Großherzog persönlich auf einem Glockenturm bestand. Die Turmspitze krönt ein 2,70 Meter großer vergoldeter Friedensengel mit Palmzweig, der auch als Windfahne dient.

Der Kirchenraum selbst, der ursprünglich in zwei Emporen unterteilt war, ist durch Säulenreihen in drei Schiffe gegliedert. Nachdem die Kirche während eines Bombenangriffs 1944 vollständig ausbrannte, wurde das Kircheninnere 1958 durch den Stuttgarter Architekten Horst Linde komplett neu in moderner Sichtbetonweise gestaltet. Mit einem

schwarzen Marmorfußboden und zwölf schlanken Betonsäulen wirkt das Kircheninnere sehr klar.

Sehenswert ist die 1840 von Heinrich Hübsch in den Kellergewölben errichtete Unterkirche, die ursprünglich der großherzoglichen Familie als Grablege diente. Die Särge wurden 1946 in die Großherzogliche Grabkapelle im Hardtwald überführt. Seit 1958 befinden sich die sterblichen Überreste des Kirchenerbauers Friedrich Weinbrenner in der Krypta unter der Vorhalle der Kirche.

www.stadtkirche-karlsruhe.de

16 | Der Rondellplatz

Einst Bühne für adlige D(r)amen

Eine runde Sache ist der zwischen 1800 und 1809 entstandene »Rondellplatz« zwar immer noch, doch ein Großteil der dort damals ringsum gruppierten Gebäude fiel dem Zweiten Weltkrieg zum Opfer. Einzig die prachtvolle Fassade des Markgräflichen Palais mit dem monumentalen Säulenportikus wurde nach dem Krieg wieder hergestellt. Wer die einstige Aura des Platzes einfangen möchte, sollte ihn am besten bei abendlicher Beleuchtung betrachten.

In klassizistisch höchster Harmonie von Friedrich Weinbrenner entworfen und Kernstück seiner städtebaulichen Vision der »Via Triumphalis«, wurde der einst elegante Platz von vornehmen Bürgerhäusern eingefasst. Prunkstück war das sich konkav um einen Teil des Rundes schmiegende, ursprünglich 160 Meter lange Markgräfliche Palais, das Markgraf Karl Friedrich in den Jahren 1803 bis 1814 für seine »illegitimen« Söhne und seine zweite Gemahlin, Reichsgräfin Luise Karoline Hochberg, erbauen ließ. Da die Ehe als nicht standesgemäß galt und die höfische Etikette ihr das Wohnrecht im Schloss selbst verweigerte, schenkte Karl Friedrich ihr an vornehmster Stelle einen eigenen kleinen Palast. Dahinter lag ein weitläufiger Garten mit einem Lusthaus.

Dass sich um dieses Prachtdomizil auch die Verschwörungstheorie über Kaspar Hauser dreht und windet, verleiht dem Gebäude einen gewissen Mythos. Von hier aus soll die Gräfin von Hochberg, die Mutter des späteren Großherzogs Leopold, Spekulationen zufolge Mord- und Entführungspläne gegen die legitimen männlichen Nachkommen des Haues Baden geschmiedet haben, um ihre eigenen Söhne auf den Thron zu bringen. Teil dieser Dynastie-Tragödie ist der angeblich in ihrem Auftrag gegen ein totes Bürgerkind kurz nach seiner Geburt 1812 vertauschte Erbprinz, der 17 Jahre später in Nürnberg als das Findelkind Kaspar Hauser auftauchte.

Weniger an eine Legende angeknüpft als vielmehr eine Dankesgeste an den liberalen Geist des Großherzogs Karl ist die »Verfassungssäule« im Zentrum des Rondellplatzes. Das Denkmal mit dem klassizistischen Sandstein-Obelisken und den badischen Wappentieren wurde in

den Jahren 1822 bis 1832 nach Plänen von Friedrich Weinbrenner ausgeführt. Das eigentliche »Großherzog-Karl-Denkmal« erinnert an den früh verstorbenen Großherzog Karl (1786–1818) und an die von ihm kurz vor seinem Tode in Kraft gesetzte Badische Verfassung, die als die liberalste ihrer Zeit galt. Sie garantierte dem Volk Badens weitreichende Grundrechte und sah ein Ständehaus mit zwei Kammern vor.

17 | Die Kleine Kirche

Schlichte Ruhe inmitten städtischen Trubels

Ein bisschen eingeklemmt sieht sie aus, Karlsruhes älteste Kirche, die »Kleine Kirche«, die nur wenige Schritte vom Marktplatz entfernt direkt an der Einkaufsmeile Kaiserstraße liegt. Aber man bedenke, wie alt diese Kirche ist! Zwischen 1773 und 1776 – nur 60 Jahre nach der Stadtgründung – vom markgräflichen Baumeister Wilhelm Jeremias Müller als Kirche der »Reformierten« erbaut, lag sie ursprünglich jenseits des Schlosses in städtebaulich kaum erschlossenem Gebiet. Keine Kaufhäuser oder gar Straßenbahnen weit und breit – ein kleines beschauliches Kirchlein an einem stillen Ort.

Bereits zuvor gab es an gleicher Stelle eine kurz nach der Stadtgründung erbaute Vorgängerkirche. Das komplett aus Holz erbaute Gotteshaus war ein Geschenk des Stadtgründers Markgraf Karl Wilhelm an seine Schwiegertochter Prinzessin Amalie von Nassau-Dietz-Oranien, die der reformierten Kirche angehörte. Bereits nach 25 Jahren war die Holzkirche baufällig. Der erforderliche Neubau ließ jedoch fast weitere 25 Jahre auf sich warten.

Die aus rotem Grötzinger Sandstein im »Louis-seize-Stil«, im sogenannten »Zopfstil«, erbaute Kleine Kirche besticht noch heute durch ihre Schlichtheit, ihre harmonischen Proportionen und klare Fassadendekoration. Auch im Innern strahlt das Gotteshaus eine einladende, friedliche Wirkung aus. Sie ist als Ort der Ruhe und Besinnung heute täglich für jedermann geöffnet. Dass die beschauliche Stille ab und zu durch wohlklingende Töne von der Steinmeyer-Orgel aus dem Jahr 1950 begleitet wird, ist eine besonders einladende Geste an die vorbeihastenden Passanten zu verstehen, doch für einen Moment hier zu verweilen.

Innehalten lässt auch der Brunnen vor der Kirche. Ein religiöses Motiv sucht man zwar vergeblich, doch der von Konrad Taucher gestaltete »Knabenbrunnen« aus dem Jahr 1905, der ursprünglich als Trinkbrunnen gedacht war, hat durchaus einen kontemplativen, weihevollen Charakter. Die Brunnenplastik, ein knieender nackter Jüngling mit einer

vergoldeten Schale, spielt, scheinbar der Welt entrückt, symbolisch mit dem Wasser, der »Quelle des Lebens«.

Auch ein Blick hinter die Kleine Kirche ist lohnenswert. Dort kündet die »Kleine Marktfrau«, ein eher üppiges, resolutes Marktweib, von der über 100-jährigen Geschichte dieses Areals als einstigem Marktplatz der Stadt. Das vom Karlsruher Bildhauer Hermann Föhry 1928 im Auftrag der Stadt angefertigte Standbild verkörpert die typische Karlsruherin dieser Zeit und ist eines der wenigen Frauendenkmäler in Karlsruhe.

www.stadtkirche-karlsruhe.de/de/kleinekirche

18 | Das Staatliche Naturkundemuseum

Spannende Naturforschung für Groß und Klein

Da kreist der Mega-Saurier mit einer Spannweite von zwölf Metern mitten im historischen Gemäuer des Staatlichen Museums für Naturkunde, so als wäre er soeben aus dem Jurassic Park entflogen. Dass die Lebendrekonstruktion, das weltgrößte Modell des Kurzschwanzsauriers »Hatzegopteryx thambema«, der vor 68 Millionen Jahren über dem heutigen Rumänien kreiste, Kindern nicht einen Riesenschreck einjagt, liegt wohl an dem besonderen pädagogischen Konzept dieser deutschlandweit bekannten Naturkunde-Institution. Ein für Kinder und Erwachsene gleichermaßen spannender Museumsparcours – vom »Vivarium« bis zur »Welt der Insekten« – bietet auf über 4000 Quadratmetern höchst faszinierende Natur(-Wissenschaft).

Wer es nicht so hat mit Albino-Tigerpythons, Vogelspinnen oder dem »Gemeinen Kraken«, die sich selbstverständlich alle in ausbruchsicheren Terrarien bzw. Aquarien des Vivariums befinden, interessiert sich vielleicht für die große Auswahl an Tierpräparaten oder die Abteilung zur Geologie des Oberrheins. Beeindruckend ist vor allem die Fossilien-Abteilung, die, in der Rotunde vom räuberischen Blick des gigantischen Flugsauriers bewacht, herausragende Originalfunde sowie Rekonstruktionen beheimatet. Fasziniert sind die Besucher auch von der großflächigen »Holzmadenwand« im Treppenaufgang mit ihren versteinerten Seelilien, Fischsauriern, Kopffüßlern und Krokodilen. Das macht neugierig auf mehr.

Neugierde, nämlich die der Markgräfin Karoline Luise von Baden, war der Ausgangspunkt für dieses in Deutschland einmalige Museum. Mit ihrem berühmten Naturalienkabinett legte die hochgebildete Gemahlin des Markgrafen Karl Friedrich den Grundstein für eines der ältesten wissenschaftlich geführten Naturkundemuseen Europas. Noch heute ist das Museum eine Ausnahmeerscheinung, denn hier wird nicht nur Wissen vermittelt, gesammelt und bewahrt, sondern auch geforscht, beispielsweise am dortigen Referat Paläontologie und Evolutionswissenschaft.

Zwischen 1866 und 1872 wurde das heutige Museumsgebäude am Friedrichsplatz für das großherzogliche Naturalienkabinett und die Hofbibliothek errichtet. Nach den Plänen des Weinbrenner-Schülers Joseph Berckmüller im nördlichen Teil des ehemaligen Erbprinzengartens als Neorenaissance-Palast erbaut, steht das dreiflügelige Gebäude heute vor einer nicht unwesentlichen Herausforderung: Im Westflügel entsteht zum 300-jährigen Stadtjubiläum im Jahr 2015 ein supermodernes Vivarium, dessen Prachtstück ein 240 000 Liter fassendes Hai-Aquarium bilden wird.

www.smnk.de

19 | Das Ständehaus

Die Geschichte der Demokratie in Baden

Wir haben es fast alle im Geschichtsunterricht in der Schule so gelernt: Das älteste Parlament auf deutschem Boden ist die Paulskirche in Frankfurt. Dass es aber, 26 Jahre bevor die »Frankfurter Nationalversammlung« vom Mai 1848 bis zum Mai 1849 dort tagte, bereits in Karlsruhe ein Parlamentsgebäude, das »Ständehaus«, gab, ist kaum bekannt.

Das mit einer Rotunde versehene Ständehaus wurde nach Plänen des Weinbrenner-Schülers Friedrich Arnold im Auftrag des Großherzogs Ludwig erbaut. Als Kerngedanke der liberalen badischen Verfassung von 1818 und somit die architektonisch gefasste Urzelle der badischen Demokratie galt das Ständehaus bis zu seiner Zerstörung im Jahr 1944 als Zeugnis parlamentarischer Verfasstheit. Hier fand im Jahr 1822 die erste Sitzung des Badischen Landtags statt, hier stritt der Revolutionär Friedrich Hecker um Freiheit, Gleichheit und Brüderlichkeit, hier wurde erregt debattiert, über Presse- und Vereinsfreiheit, und wurden noch heute gültige demokratische Normen erstritten. Das Ständehaus blieb bis 1933 Sitz des Badischen Landtages.

Als das älteste Parlament Deutschlands stellte das Ständehaus zwar ein Baudenkmal von außerordentlicher historischer Bedeutung dar, zu einem Wiederaufbau konnte man sich allerdings nicht durchringen. Im Jahr 1993 wurde an der Stelle des einstigen Parlamentsgebäudes anlässlich des 175-jährigen Jubiläums der Badischen Verfassung das »Neue Ständehaus« eröffnet. Dort befinden sich seither die Karlsruher Stadtbibliothek und die Erinnerungsstätte der Badischen Demokratie. Der vom Architekturbüro »Planfabrik SPS« zusammen mit der Architektin Clara Saal realisierte Bibliotheksbau lässt jedoch die gestalterischen Kernmerkmale des einstigen Ständehauses nicht gänzlich außer Acht. Voran die runde Eckausbildung im Scheitelpunkt zwischen Ständehaus- und Ritterstraße erinnert an die Rotunde des alten Parlamentsgebäudes.

Die Erinnerungsstätte selbst präsentiert in einer Dauerausstellung die Höhepunkte der badischen Landtagsgeschichte, die im Erdgeschoss

mit der Entstehung des Großherzogtums Baden und der Badischen Verfassung beginnt und im zweiten Untergeschoss mit der Baugeschichte des Ständehauses sowie einem kurzen Blick in die Weimarer Republik endet. Die Erinnerungsstätte verfügt über ein multimediales Informationssystem, das mit Bildern, Filmen, Texten und Tönen die Ausstellung mit wertvollen historischen Hinweisen ergänzt. Die Erinnerungsstätte »Ständehaus Karlsruhe« ist Teil des Projektes »Straße der Demokratie«.

20 | Die katholische Pfarrkirche St. Stephan

Rom lässt grüßen!

»Sind wir hier etwa in Rom?«, wird immer wieder von Besuchern beim Anblick der Pfarrkirche St. Stephan, der katholischen Stadtkirche Karlsruhes, im Stadtzentrum gefragt. Die Frage ist natürlich ironisch gemeint. Denn wer sich baukunsthistorisch etwas auskennt, bemerkt zwar die deutlichen römischen Stilelemente des Sakralbaus, erfasst aber auch, dass »das mit dem Kirchturm irgendwie nicht stimmt«.

Und doch, auch diese vom großen Karlsruher Baumeister Friedrich Weinbrenner zwischen 1808 und 1814 im klassizistischen Stil erbaute Kirche ist einmalig, ist ein weiteres Glanzstück seiner Baukunst. Sein nach dem Vorbild des Pantheons in Rom erbautes katholisches Gotteshaus mit der markanten Kuppel setzte Maßstäbe für nachfolgende Bauten in unmittelbarer Nähe. Selbst der renommierte Architekt Oswald Mathias Ungers konnte sich beim Bau der gegenüberliegenden Badischen Landesbibliothek von 1984 der Weinbrenner'schen »Rom-Affinität« nicht entziehen.

Die Stephanskirche streitet in der Beliebtheitsskala um den vermeintlich besten Weinbrennerbau mit der Evangelischen Stadtkirche am Marktplatz. Sie gilt als »antiker«, mit ihrem Grundriss eines griechischen Kreuzes, welches der zentrale Rundbau mit den vier kurzen Seitenschiffen bildet, architektonisch konsequenter, wäre da nicht der Glockenturm. Ein Pantheon hat keinen Campanile, das wusste Weinbrenner, und er war auch ursprünglich nicht von ihm konzipiert. Doch diese Rechnung machte der in der Residenz hoch geschätzte Baumeister ohne die katholische Gemeinde, die auf dem Glockenturm partout bestand. Heute ertönt dort eines der schönsten Glockengeläute des 20. Jahrhunderts in Europa. Die über acht Tonnen schwere Stephansglocke aus dem insgesamt 12-stimmigen Geläut ist die größte Glocke in Baden-Württemberg.

Wer etwas Zeit hat, sollte unbedingt auch einen Blick ins Innere von St. Stephan werfen. In der 1990 bis 1991 neu gestalteten Dreifal-

tigkeitskapelle neben dem Chor befindet sich das »Dreifaltigkeitsrelief« von 1600, das von dem Konstanzer Bildhauer Hans Morinck geschaffen wurde. Sehenswert sind auch das von Emil Wachter entworfene Gobelin-Triptychon von 1963 hinter dem Hochaltar mit der Darstellung des Stephanus-Martyriums sowie die Madonnenfigur des Karlsruher Bildhauers Emil Sutor aus dem Jahr 1930, die sich im Chorbogen befindet.

Ein Klangwunder ist die Klais-Orgel, die auf das Jahr 1959 zurückgeht und nach Erweiterungen und Renovierung, zuletzt 2011 bis 2012, über knapp 5000 Pfeifen und 75 Register verfügt.

www.st-stephan-ka.de

21 | Die Badische Landesbibliothek

Moderner Buchtempel nach berühmten Vorbildern

Das Recht auf Bildung ist nach Artikel 26 der Charta der Vereinten Nationen als genuines kulturelles Menschenrecht zu verstehen. Wie die Umsetzung dieses staatsbürgerlich-kulturellen Auftrages hinsichtlich eines freien Bildungszugangs realisiert werden kann, zeigt die als wissenschaftliche Universalbibliothek mitten in der Stadt verortete Badische Landesbibliothek Karlsruhe eindrücklich. Dass Lesen bildet, ist zwar eine bildungspädagogische Plattitüde, doch der freie Zugang zu »in Worte gefasstem Wissen« ist auch jenseits des World Wide Web durch die seit über 100 Jahren gepflegte Bildungstradition des öffentlichen Bibliothekswesens gewährleistet.

Den Grundstock der »Badischen Landesbibliothek« bildet die um 1500 gegründete Pforzheimer Schlossbibliothek der Markgrafen von Baden, die in die 1770 begründete »Markgräflich-Badische Hofbibliothek« in Karlsruhe überging. 1806 in »Großherzogliche Hof- und Landesbibliothek« umbenannt, erhielt sie nach dem Ende der Monarchie im Jahr 1918 ihren heutigen Namen.

Der am heutigen Standort in der Erbprinzenstraße nach Plänen des international renommierten Architekten Oswald Mathias Ungers zwischen 1984 und 1991 erbaute Karlsruher »Büchertempel« gilt als städtebaulich gelungener Dialog mit der gegenüberliegenden von Friedrich Weinbrenner erbauten Kirche St. Stephan aus dem Jahr 1814. Wie auch die Kirche ist der Zentralbau der Bibliothek mit einer Kuppel überwölbt. Die kassettierte Kuppel mit Ochsenauge gilt als Reminiszenz Ungers an Weinbrenners Rezeption des Pantheons in Rom. Der klassizistisch anmutende Bau, der mit rotem Plattensandstein verblendet ist, überzeugt im Innern durch eine komplett in Weiß gehaltene Strenge. Der von der Kuppel überspannte Hauptlesesaal erinnert an die Tradition großer historischer Vorbilder wie der Kongress-Bibliothek in Washington oder der British Library in London.

Die jedem Interessierten offenstehende Bibliothek beherbergt circa 2,5 Millionen Bände Literatur und Medien aus allen Fachgebieten, ergänzt durch eine Vielzahl von internationalen Datenbanken. Darüber

hinaus genießt die Badische Landesbibliothek einen internationalen Ruf als »Schatzhaus und Nibelungenhort«. Die Bibliothek besitzt einen über Jahrhunderte gewachsenen Bestand an kostbaren historischen Karten, Drucken, Autographen, Musikalien und Handschriften, darunter die berühmte Handschrift C des Nibelungenlieds aus dem 13. Jahrhundert. Sie ist die älteste Handschrift des Heldenepos und ist seit 2009 UNESCO-Weltdokumentenerbe.

www.blb-karlsruhe.de

22 | Der Bundesgerichtshof

Höchstrichterliche Strafverfahren in Rokoko-Ambiente

Neben dem Bundesverfassungsgericht und der Bundesanwaltschaft ist der Bundesgerichtshof (BGH) die dritte juristische Hauptinstanz in der »Residenz des Rechts«. Im Gegensatz zum Bundesverfassungsgericht stellt der BGH kein eigenes Verfassungsorgan dar. Das oberste deutsche Gericht für Zivil- und Strafverfahren ist seit 1950 im ehemaligen Palais des Erbgroßherzogs Friedrich II. von Baden, des späteren letzten badischen Großherzogs, untergebracht.

Auch wenn das von Oberbaudirektor Josef Durm entworfene und von ihm und dem Architekten Friedrich Ratzel in den Jahren 1891 bis 1897 erbaute Palais heute aus Sicherheitsgründen nur während einer offiziellen Führung besichtigt werden kann, lohnt sich ein Blick ins Innere. Von der kostbaren Ausstattung des Gebäudes kann man sich aber auch bereits von außen ein eindrückliches Bild machen. War das Palais zwar 1897 bereits fertiggestellt, konnte es wegen seiner aufwändigen Innenausstattung im Rokokostil erst im Jahr 1903 – vier Jahre vor der Ernennung Friedrichs zum Großherzog – bezogen werden. Von der einstigen Pracht kündet noch heute das weitgefasste, zentrale Treppenhaus, das von einer Glaskuppel bekrönt wird. Das Großherzogspaar blieb bis zum Ende der Monarchie im Jahr 1918 in ihrem luxuriösen Stadtpalais wohnen. Das Schloss selbst überließen sie Großherzogin Luise, der Mutter Friedrichs, als Witwensitz.

In den 1970er Jahren geriet der Bundesgerichtshof, in dessen Areal sich bis 1998 auch die oberste deutsche Strafverfolgungsbehörde, die Bundesanwaltschaft, in einem von Erich Schelling 1958 errichteten Gebäude befand, in die Schusslinie der Roten Armee Fraktion. Rund vier Monate nach der Ermordung von Generalbundesanwalt Siegfried Buback im April 1977 planten RAF-Terroristen einen Anschlag auf die Bundesanwaltschaft, mit dem Ziel, möglichst viele Bundesanwälte zu ermorden. Mit einem selbstgebauten Raketenwerfer, der in einem Wohnhaus in der Blumenstraße gegenüber installiert war, sollte das Gebäude bombardiert werden. Das Attentat schlug fehl, man hatte vergessen, den Wecker für die Zündeinrichtung zu stellen!

Im Jahr 1998 zog die Bundesanwaltschaft in einen Neubau von Oskar Mathias Ungers – kurioserweise in der Nähe der ehemaligen Karlsruher Munitionsfabrik. Der Bundesgerichthof selbst wurde zwischen 2000 und 2003 mit einem dreigeschossigen U-förmigen Bau von der Architektengemeinschaft Dohle + Lohse ergänzt. Der Erweiterungsbau beherbergt neben zwei großen Sitzungssälen die größte juristische Fachbibliothek Deutschlands.

www.bundesgerichtshof.de

23 | Der Ludwigsplatz

Sehen und gesehen werden

»Selbstinszenierung ist nicht des Karlsruhers Sache.« Wer dies behauptet, ist entweder aus Düsseldorf oder hat Karlsruhes »Laufsteg«, den Ludwigsplatz, noch nicht entdeckt. »Sehen und gesehen werden« ist das Lieblingsmotto dieses quirligen Platzes zwischen der Erbprinzen-, Wald- und Karlstraße. Kaum haben sich ab März die ersten wärmenden Sonnenstrahlen auf den Weg gemacht, verwandelt sich der »Ludwig« bis Oktober zum Grand Café. Das war nicht immer so. Doch seit sich das innerstädtische Areal Ende der 1970er Jahre von einem unattraktiven Großparkplatz wieder zu einem charmanten Ort der Lebensfreude zurückverwandelt hat, mauserte sich der Platz rasch zum »Hotspot« der Stadt.

Noch bis Ende des 18. Jahrhunderts begegnete sich hier ausschließlich Viehzeug, besonders Schweine, die auf dem sogenannten »Beiertheimer Viehtrieb« von den Bauern aus Beiertheim mit markgräflicher Genehmigung zur Mast in den Hardtwald getrieben wurden. Bis Anfang des 19. Jahrhunderts floss hier auch noch der weniger appetitliche Abwasserkanal, der Landgraben, offen durch die Stadt. Erst mit seiner Überdeckelung im Jahr 1820 stieß das Areal erstmals und sukzessive auf städtebauliches Interesse, besonders auf das des großen Karlsruher Stadtbaumeisters Friedrich Weinbrenner. Bereits ab 1820 findet sich in den Akten die Bezeichnung »Ludwigsplatz«, benannt nach dem seit 1818 regierenden Großherzog Ludwig. Die klassizistisch klar gegliederte Platzbebauung »Marke Weinbrenner« sollte fünf Jahrzehnte komplett erhalten bleiben. Heute noch vorhanden ist der von Weinbrenner für den dortigen Wochenmarkt entworfene neogotische Brunnen.

Ende des 19. Jahrhunderts begann sich das klassizistische Antlitz des Platzes zu wandeln, dominantere, höhere Gebäude entstanden, unter ihnen das bis heute den Platz bestimmende, berühmte Gasthaus »Krokodil«, das »Kroko«, wie es heute heißt. Im Jahr 1884 wurde die im Münchner Jugendstil erbaute Bier- und Weinstube eröffnet. Sie entwickelte sich rasch zum Karlsruher Promitreff, hier verkehrten Hof- und Staatsbeamte, Offiziere und Politiker. Sein heute noch beeindruckendes

Aussehen verdankt das Gebäude einer Umgestaltung durch das Architekturbüro Pfeifer & Großmann in den Jahren 1914 und 1915. Betrachtenswert sind die Flachreliefs, die in der Karlsruher Majolika gefertigt wurden, voran die plastischen Porträts der Eigentümer- und Wirtsfamilie Möloth, zu deren Familienmitgliedern augenscheinlich auch ein gut gelauntes, anhängliches Krokodil zählte, schon damals ein Fan des Ludwigsplatzes.

24 | Der Stephanplatz

Skandal um »Rosi«

Dass dieser Platz mal richtig grün war – undenkbar. Nur während der Markttage erinnert der hinter der ehemaligen Hauptpost, der heutigen Postgalerie, gelegene Stephanplatz an jene Zeiten, als er wirklich noch zum Verweilen einlud. Und doch, der Platz ist auch heute nicht ganz ohne!

Ursprünglich lag das Areal komplett im Grünen vor den Toren der Stadt. Die Anlage des heutigen Platzes geht auf die Planungsarbeiten zur Gestaltung der Rückseite der im Oktober 1900 eingeweihten »Kaiserlichen Reichspost« zurück. Der Platz wurde nach dem 1897 verstorbenen kaiserlichen Generalpostmeister Heinrich von Stephan benannt. Anfang 1900 wurde das Areal von Gartendirektor Friedrich Ries in eine malerische Gartenanlage mit gewundenen Wegen, Büschen und einem kleinen Teich verwandelt.

1903 wurde der als avantgardistisch bekannte Karlsruher Architekt Hermann Billing beauftragt, einen Brunnen für den östlichen Bereich des Parks zu entwerfen. Aus dem schlichten Auftrag wurde ein Skandal, der sich 1905 mit der Enthüllung des Brunnens wie ein nicht zu stoppendes Feuer durch die Stadt fraß und auch außerhalb Karlsruhes für Diskussionen sorgte. Man war empört. Die Karlsruher Brunnenstory, ausgelöst durch die wohl für die damalige Zeit – oder den badischen Pietismus – künstlerisch zu freizügige Gestaltung von Billing und dem ihm befreundeten Bildhauer Hermann Binz, lässt sich noch heute an dem immer noch in seiner »Skandal«-Form erhaltenen Brunnen nachvollziehen: Mitten in der Pfeiler-Architrav-Rotunde steht sie noch heute, die bronzene Nackte mit ihren zwei Wasserkrügen, sittsam-keusch senkt »Stephanie« den Blick, angestarrt und angespien von 14 Fratzen stadtbekannter Persönlichkeiten, darunter auch Binz und Billing. Man sah Karlsruhes Jugend sittlich gefährdet.

Der Brunnen blieb, der Platz wurde im Laufe der folgenden hundert Jahre immer wieder neu gestaltet. Geblieben ist bis heute auch ein Teil der 1930 an der Karlstraßen-Seite erbauten Tankstelle, die mit ihrem weit auskragenden Vordach neben der Dammerstocksiedlung als

besonderes Bauwerk der 1930er-Jahre-Architektur gilt. Der Abbruchwut der 1970er Jahre fiel leider das bemerkenswerte Tankstellendach zum Opfer. Eine Unachtsamkeit, die sich aktuell bitter rächen könnte. Da das Gebäude, in dem sich seit 1942 die Karl-Apotheke befindet, nicht vollständig erhalten ist, fällt es nicht unter den Denkmalschutz. Die neuesten städtischen Gestaltungsvorhaben für den Stephanplatz planen einen Abriss. Ein neuer Skandal bahnt sich an.

25 | Der Badische Kunstverein

Zeitgenössische künstlerische Positionen im Diskurs

»Das Programm des Badischen Kunstvereins ist gekennzeichnet durch unterschiedliche Formen des Kontrastes: So wechseln sich konsequent Einzel- und Gruppenausstellungen ab, werden junge internationale Positionen ebenso gezeigt wie im geschickten Rückgriff bislang wenig beachtete Arbeiten aus den 1960er bis 1980er Jahren, die für ein Verständnis zeitgenössischer Kunst heute entscheidend sind. Gleichzeitig aber überzeugt das Programm durch eine besondere Stringenz in Werkauswahl und Themensetzung. Darüber hinaus gelingt dem Badischen Kunstverein einerseits die Aufrechterhaltung und Pflege von Kunstvereinstraditionen wie Mitgliederausstellungen und Jahresgaben …« Mit diesem Lob wurde der Badische Kunstverein Karlsruhe im Jahr 2012 mit dem ADKV-ART COLOGNE Preis für Kunstvereine ausgezeichnet.

Von jungen internationalen Positionen ist da die Rede und gleichzeitig von einer vorbildlichen Pflege von Kunstvereinstradition. Damit griff die Jury zwei wichtige Elemente des Selbstverständnisses des bereits 1818 gegründeten Kunstvereins heraus, der zu den ältesten in Deutschland zählt. Gilt dem Badischen Kunstverein heute die Kunstpräsentation für eine umfassende Kunstvermittlung als nicht ausreichend, stehen Kommunikation und Diskussion im Mittelpunkt seiner Ausstellungsprogrammatik. Der Kunstverein des 19. Jahrhunderts sah sich dazu auserkoren, »die wunderbare Welt der Kunst dem geselligen Glück näher zu bringen«, sprich, zum Kunstgenuss anzuregen. Darüber hinaus wurde den Mitgliedern ermöglicht, Kunst selbst zu erwerben – der Auftakt eines Kunst-Vermarktungs-Verständnisses, das damals ein Novum war.

Wie sehr sich die von Karlsruher Bürgern begründete Idee eines emanzipatorischen Kunstverständnisses, aber auch der Kunstvermarktung als Meilenstein ihrer Entwicklung herausbildete, zeigt sich vor allem anhand der institutionell-baulichen Verortung des Vereins. Wurden bis Ende des 19. Jahrhunderts wechselnde Lokalitäten genutzt, mündete »das Standing« des Badischen Kunstvereins in dem von ihm noch heute genutzten herrschaftlichen Domizil in der Waldstraße 3.

Nach Plänen des Karlsruher Architekten Friedrich Ratzel entstand ein repräsentatives Ausstellungsgebäude im Stil des Neo-Barocks, das bei genauer Betrachtung in seiner Raumgestaltung sehr starke Anlehnungen an die höfische Bautradition aufweist.

Heute gilt der Badische Kunstverein als Karlsruhes erste Adresse für zeitgenössische Kunst. Ging es in der Gründungsidee noch um »Geschmacksbildung«, steht heute der »Kunst-Diskurs« im Mittelpunkt.

www.badischer-kunstverein.de

26 | Die Staatliche Münze

Einprägsames aus Karlsruhe mit dem Buchstaben »G«

Man müsste es eigentlich bis auf die Straße klimpern hören, denn 14 Prozent des deutschen »Umlaufgeldes« und ein Teil der Euromünzen für die neuen Mitgliedstaaten der Europäischen Union werden in dem klassizistischen Prachtbau am Ende der Karlstraße geprägt. Wäre da nicht das blaue Denkmalschild mit dem Hinweis, dass es sich bei dem harmonisch gegliederten Gebäude mit dem durchbrochenen Dreiecksgiebel und dem sehenswerten Säulenbalkon um die 1827 eingeweihte, ehemals Großherzogliche Badische Münzstätte handelt, und würde dieses historische Monument nicht von Überwachungskameras geschützt, wer würde in diesem letzten von Friedrich Weinbrenner entworfenen Bau staatlicher Souveränität eine »Goldgrube« vermuten?

Die »Staatliche Münze Karlsruhe« ist die kleinste unter den fünf Prägeanstalten in Deutschland und die einzige, die noch in ihrem historischen Ursprungsgebäude untergebracht ist. Mit der Münzstätte in Stuttgart seit 1998 zu den »Staatlichen Münzen Baden-Württemberg« vereint, sind sie zusammen das größte Münzprägeunternehmen in Deutschland. Auch hochwertige Sonder- und Gedenkmünzen sowie Medaillen werden hier hergestellt. In Boomzeiten werden in Karlsruhe fast eine Million Ein-, Zwei- und Fünf-Cent-Münzen geprägt – täglich! Für die Einführung des Lettland-Euro am 1. Januar 2014 schafften Karlsruhe und Stuttgart gemeinsam in einem Jahr den Rekord von 400 Millionen Geldstücken.

Die heute unter Denkmalschutz stehende einstige »Geldschmiede Badens« dient seit ihrer Einweihung ununterbrochen der Münzprägung. Zu den ersten Prägeprodukten zählt die aus feinstem Rheingold bestehende 5-Gulden-Münze mit dem Portrait von Großherzog Ludwig, der Karlsruher »Louis d'or«. In den ersten drei Jahren ihres Bestehens erreichte die Münzstätte eine Prägeleistung von 19 Millionen Gulden. Die Selbständigkeit der Karlsruher Münze endete erst mit der Gründung des Deutschen Reiches im Jahr 1871, seit 1872 ist der Buchstabe »G« ihr Kennzeichen – bis heute.

Dass es in der über 180-jährigen Geschichte der Karlsruher Prägeanstalt nur ein einziges Mal zu »Ungereimtheiten« kam, ist wahrlich ein Wunder. Dieser »Karlsruher Münzskandal« in den 1970er Jahren jedoch war krimireif und führte bis zum Bundesgerichtshof. Mitarbeiter der Münze, darunter auch der Direktor, prägten illegal seltene Sammlerstücke, darunter das begehrte »Bank deutscher Länder«-50-Pfennig-Stück von 1950. Die Münzen wurden von den Mitarbeitern privat an Sammler und Bedienstete des Bundesfinanzministeriums verkauft.

www.staatlichemuenzenbw.de

27 | Das Prinz-Max-Palais

Das Stadtmuseum – Schatztruhe gefüllt mit Visionen

»Dreitausend Jahre sind für eine Stadt doch kein Alter«, spotten all diejenigen, die glauben, eine Stadt ohne römische Fundamente sei historisch betrachtet lediglich eine »Fußnote der Geschichte«. Dass eine Stadt, die »erst« drei Jahrhunderte Werdegang aufzuweisen hat, durchaus eine üppige Schatztruhe der Geschichte sein kann, lässt sich nicht nur anhand der 1715 gegründeten Stadt Karlsruhe selbst festmachen, sondern im Karlsruher Stadtmuseum im Prinz-Max-Palais nachspüren.

»Große Stadtgeschichte auf kleinstem Raum« wäre ein nicht übertreibender Werbeslogan für diese 1981 gegründete und 1998 erweiterte, museumsdidaktisch spannend konzipierte stadthistorische Institution. Denn auf einer einzigen Etage mit einer nur 800 Quadratmeter großen Ausstellungsfläche windet sich ein plastischer Weg durch 300 Jahre Karlsruher Stadtentwicklung. Acht Stationen, markante stadthistorische Epochen, sind in einer Dauerausstellung unter dem Titel »Eine Vision und ihre Geschichte« zu einem facettenreichen stadtbiographischen Spannungsbogen gebündelt: Von der Gründung der Residenz, über die Bürgerstadt im Biedermeier, die Industriestadt der Jahrhundertwende, die Zeit des Nationalsozialismus bis hin zur heutigen Residenz des Rechts.

Zu entdecken gibt es nicht nur zahlreiche Stadt- und Architekturmodelle, Bildnisse und Pläne der Stadt, sondern vor allem in einprägsame Rauminszenierungen eingebettete »Sachzeugen«, sprich Original-Exponate aus 300 Jahren Lebensalltag. Zu den Highlights der Historienschau zählt die komplette Biedermeier-Ladeneinrichtung der Karlsruher Stadtapotheke von 1820. Weltweit einmalig und Besucherliebling ist die Original-Draisine von 1817, das vom Karlsruher Erfinder Freiherr Drais von Sauerborn (1785–1851) entwickelte Laufrad, der Vorgänger des heutigen Fahrrades.

»Lässt sich Stadtgeschichte besser in Szene setzen?« Diese häufig von Besuchern gestellte Frage ist eher eine Feststellung. Denn das Stadtmuseum selbst ist in einen beeindruckenden stadtgeschichtlichen

wie architektonischen Kontext eingebettet: das Prinz-Max-Palais selbst. Die von Josef Durm für den Bankier August Schmieder 1881 bis 1884 erbaute prächtige Gründerzeitvilla – das damals nobelste Privathaus in Karlsruhe – war von 1900 bis 1918 Wohnsitz von Prinz Max von Baden, dem letzten Kanzler des Deutschen Kaiserreichs, und von 1951 bis 1969 Sitz des Bundesverfassungsgerichts.

Im Prinz-Max-Palais befinden sich auch das Museum für Literatur am Oberrhein sowie die Kinder- und Jugendbibliothek.

www.karlsruhe.de/b1/stadtgeschichte/stadtmuseum.de
www.literaturmuseum.de

28 | Die Städtische Galerie

Kommunales Kunstmuseum mit internationalem Bezug

Was haben Horst Antes, Georg Baselitz, Per Kirkeby, Markus Lüpertz, H.A.P Grieshaber und Karl Hubbuch gemeinsam? Sie alle waren Professoren an der 1854 gegründeten Staatlichen Akademie der Bildenden Künste Karlsruhe. Nicht alle sind sie als Kunstschaffende in Karlsruhe geblieben, doch ihr Wirken hat bleibende Spuren hinterlassen – an den Wänden der Städtischen Galerie Karlsruhe.

Doch hier ist nicht nur Akademie-Prominenz vertreten. Die 1997 im Museumsbau der ehemaligen Karlsruher Munitionsfabrik im »Lichthof 10« wiedereröffnete Städtische Galerie steht wie keine andere Kunstsammlung in Baden-Württemberg für »badische Kunst« sowie Gegenwartskunst aus dem Südwesten Deutschlands. Ergänzt wird die einzigartige Kunstpräsentation durch die einmalige Dauerleihgabe der »Sammlung Garnatz« mit 700 Werken zeitgenössischer Kunst, viele davon Schlüsselwerke der deutschen Malerei, Plastik und Fotografie, darunter Werke von A. R. Penck, Jörg Immendorf und Sigmar Polke.

Mit ihrem Akzent auf der regionalen Kunstszene leistet die Städtische Galerie, die als ehemals »Städtische Sammlung« auf eine private Schenkung aus dem Jahr 1896 zurückgeht und von 1981 bis 1997 im Prinz-Max-Palais »große Kunst auf engstem Raum« präsentierte, einen wichtigen Beitrag zur städtischen wie regionalen Kunstförderung. Mit dem programmatischen Fokus auf das Kunstschaffen der Karlsruher Kunstakademie sowie der Staatlichen Hochschule für Gestaltung, ihrer Professoren und Studierenden, gelingt es der Galerie, den Künstlern vor der »eigenen Tür« ein hohes Aufmerksamkeitspotenzial seitens eines kunstinteressierten wie kunstversierten Publikums zu bieten.

Insgesamt umfasst die städtische Kunstsammlung etwa 15 000 Kunstwerke: Gemälde, Plastiken, Papier- und Fotoarbeiten, Installationen und Objekte, die überwiegend im Zeitraum nach 1945 entstanden sind. Dabei schafft das Wechselspiel von Kunstwerken der eigenen Sammlung mit den Highlights der Sammlung Garnatz oft spannende Begegnungen zwischen »Karlsruher Positionen« und Tendenzen anderer Kunstzentren Deutschlands wie Berlin, Düsseldorf und Köln.

Neben der Dauerausstellung von immer wieder neu zusammengestellten Werken des Sammlungsbestandes konzipiert die Städtische Galerie mehrere Sonderausstellungen im Jahr. Auf eine große Publikumsresonanz stoßen die Gast-Ausstellungen von Meisterschülern der Staatlichen Akademie sowie eine Werkpräsentation der jeweiligen Preisträgerin des von den »Karlsruher Präsidentinnen« verliehenen Hanna-Nagel-Preises.

29 | Der Gutenbergplatz

Perfekte Marktidylle – nicht nur an Sommertagen

Wer es bisher nicht wusste: Espresso und Buchdruck sind nirgendwo auf der Welt so eindrücklich miteinander vereint wie in Karlsruhe. Aber eigentlich geht es um Gemüse. Oder Obst? Nein, Blumen. Aber ein schnell geschlürfter Espresso gehört eben auch zum »must« auf dem Gutenbergplatz in Karlsruhes Weststadt – besonders an Markttagen.

Er gilt als Karlsruhes beliebtester Marktplatz. Wer sich vor allem am Samstagvormittag auf den Weg dorthin macht, zählt dazu zu jener kunterbunten, meist gutgelaunten Fanschar, die sich zu jeder Jahreszeit an der idyllisch-romantischen Atmosphäre des Platzes berauscht. Hier kennt fast jeder jeden, vom Marktbeschicker bis zur Stadtprominenz. Da gibt es die Frühaufsteher, die es gerne ein bisschen gemütlicher haben, die Elf-Uhr-Gemeinde, die nichts mehr zu genießen scheint als den Plausch im dichtesten Gedränge, die »Auf-die-letzte-Minute-Stürmer«, die es immer wieder schaffen, alles zu bekommen, frisches Obst und Gemüse, duftende Croissants beim elsässischen Backwagen und … die neuesten Stadtgerüchte.

Der Ursprung des Gutenbergplatzes ist jedoch weniger romantisch, denn hier befand sich – als Platz außerhalb der Stadttore – bis 1829 eine öffentliche Hinrichtungsstätte, der von 1865 bis 1891 ein Schießplatz folgte. Erst zu Beginn des 20. Jahrhunderts sollte sich das Schicksal des Platzes im Rahmen der Entwicklung der heutigen Weststadt zum Besseren wenden: Die einstige Freifläche wurde gefasst und 1900 als Platz nach dem Erfinder des Buchdrucks benannt. Seit dem 1. Mai 1909 wurde der Gutenbergplatz offiziell Stätte des Quartier-Wochenmarktes.

Zur besonderen gestalterischen Attraktion des Platzes zählt der von Friedrich Ratzel entworfene und 1908 fertiggestellte Jugendstil-Brunnen. Die »seltsame« Erscheinung der Brunnenanlage mit einem Kohlkopf als Krone stieß bei den Karlsruhern von Beginn an auf große Sympathie. Der Name »Krautkopfbrunnen« ist bis heute geblieben. Der überdimensionierte Krautkopf aus getriebenem Kupferblech thront auf einer kohlgrünblauen Krone aus Metallrippen, geschmückt mit stili-

sierten Eichen-, Lorbeer- und Efeublättern, diese wiederum auf einem durchbrochenen Friesband mit neun verspielten Putten, die auf ihren Schultern gemeinsam eine Girlande aus Früchten und Blüten tragen. Besonders die Attribute der Nackedeis sind sehenswert: Nicht nur Hund und Katz, Lamm und Gans sind hier zu finden, sondern auch ein mit Brötchen gefüllter Korb oder ein Putto behangen mit Würsten. Was für ein Augenschmaus!

30 | Der Haydnplatz

Oase mit Pariser Charme

Promenaden erfüllen einen einzigen Zweck: flanieren, sehen und gesehen werden. Dass sich Karlsruhes einzige Promenade, die nach der letzten badischen Großherzogin benannte Hildapromenade, in eine nördliche und eine südliche Hälfte teilt, spricht für ihre imposante Länge, doch so richtig »prominent« wird es erst an ihrem nördlichen Teil, am Haydnplatz. Wer die gepflegte Parkanlage an der Nördlichen Hildapromenade erst einmal entdeckt hat, wird die ruhige Oase des Karlsruher »Musikerviertels« – am Scheitelpunkt von Mozart-, Beethoven- und Weberstraße – in die Liste seiner Karlsruher Lieblingsplätze aufnehmen. Denn der Haydnplatz strahlt noch heute den Charme der alten badischen Residenz aus.

Nicht immer war es um die heute so gepriesene Idylle des Haydnplatzes, der in seinem Halbrund an Plätze in Paris erinnert, so friedlich bestellt. Seine Geschichte ist durchzogen von einem erbittert geführten Kampf zwischen stadtplanerischen Instanzen, Mäzenatentum, künstlerischen, architektonischen und gartengestalterischen Zwistigkeiten. Im Mittelpunkt des Dramas standen der Architekt Heinrich Sexauer und der städtische Gartendirektor Friedrich Ries, die fünfzehn Jahre lang eine wahre Haydn(platz-)Oper inszenierten. Von Sexauer war der Platz als architektonisch korrespondierende Grünanlage zu dem von ihm entworfenen neoklassizistischen, noch heute einmaligen, in sich geschlossenen, halbrunden Wohnhausensemble geplant. Dann lag er jahrelang brach. Später wurde er von Ries, zum Entsetzen Sexauers, kleinteilig mit Bäumen, Büschen und Rosen bepflanzt. Während des Ersten Weltkriegs wurde er sogar für den Gemüsebau freigegeben. Sexauers Entwurf kam erst 1916 endlich zum Abschluss. Die mehrstufige Brunnenanlage, die erst ein bronzener lebensgroßer Stier, später Rossebändiger schmücken sollten, wurde erst 1973 vervollständigt.

Die von dem Karlsruher Bildhauer Emil Sutor entworfenen Steinplastiken »Orpheus und Eurydike« von 1973, die rechts und links der Brunnenanlage, auf mächtigen Sockeln erhöht, in manieriert-gespreizter Gestik ruhen, sie suggerieren den Besuchern Gelassenheit. Wer

heute dem fast musikalisch anmutenden Plätschern am Haydnplatz lauscht, der kann sich auf Dissonanzen kaum besinnen. Hier herrscht Eintracht. Hier finden Haydnplatz-Fans ein einladendes Plätzchen für ein ausgelassenes Picknick. Kinder, die toben, stören nicht. Und wenn man Glück hat, erklingt dort abends auch mal eine zärtlich hingehauchte Arie – vielleicht die des thrakischen Sängers und Leierspielers Orpheus an Eurydike.

31 | Die Günther-Klotz-Anlage

Grün bis an die Hügelspitze

Umgeben von den Ausläufern des nördlichen Schwarzwalds, dem Hügelland des Kraichgaus und den idyllischen Rheinauen präsentiert sich Karlsruhe auch im Innern als grüne Metropole. Lediglich 40 Prozent der Stadt wurden als bebaute Fläche oder Verkehrsfläche genutzt. Dem Titel »Residenz im Grünen«, der Karlsruhe seit der Bundesgartenschau 1967 schmückt, macht man auch heute noch alle Ehre, ganz besonders mit Vorzeigeprojekten für gelungene, natur- wie menschennahe Landschaftsgestaltung. Hand in Hand mit der Renaturierung des auf einer Strecke von 24 Kilometern durch Karlsruhe fließenden Flüsschens Alb wurde im Jahr 1985 »Karlsruhes grüne Lunge«, die nach dem ehemaligen Karlsruher Oberbürgermeister benannte Günther-Klotz-Anlage, im Südwesten der Stadt fertiggestellt.

Die umgangssprachlich schlicht »die Klotze« genannte 18 Hektar große Grünanlage, die dem Verlauf der Alb folgt, gilt als eines der größten innerstädtischen Erholungsgebiete Deutschlands, das nicht im Rahmen einer Gartenschau entstanden ist. Die als Grün- und Freizeitanlage konzipierte Parklandschaft, die sich zwischen den Stadtteilen Beiertheim-Bulach, Südweststadt, Weststadt, Mühlburg und Grünwinkel erstreckt, ist Naherholungsgebiet, Event- und Ruhefläche zugleich.

Hier wird gejoggt, geradelt, geskatet, geruht, geflirtet, gegrillt, geplanscht, gerudert, geklettert, getobt und im Winter auch gerodelt. Die Planer haben an alles gedacht, auch an eine offiziell ausgewiesene Hundeauslauffläche, die mitten im üppigen Grün für die Vierbeiner ein echtes Vergnügen ist. Darüber hinaus sind in die Anlage verschiedene Feucht- und Trockenbiotope für seltene und gefährdete Tier- und Pflanzenarten integriert, abseits gelegene ökologische Nischen, die ein harmonisches Nebeneinander von Mensch und Natur gewährleisten.

Beliebtester Treffpunk der Günther-Klotz-Anlage ist der »Mount Klotz«, ein (meist) grüner Hügel, der nicht nur als Aussichtspunkt und gemütlicher Picknickort bei Jung und Alt sehr geschätzt ist, sondern sich jährlich vor Beginn der Sommerferien in Baden-Württemberg beim »FEST«, einem der größten Open-Air-Festivals in Süddeutschland, zu

einer wogenden Fan-Pyramide aus über hunderttausend Menschen verwandelt. Die einmalige Kulisse inmitten der Anlage verzaubert nicht nur die aus ganz Deutschland, dem benachbarten Frankreich und der Schweiz herbeiströmenden Besucher, sondern auch die auf den Bühnen des Festivals auftretenden Bands und Einzelkünstler. Das Karlsruher »Woodstöckle« ist ein einmaliges Spektakel!

32 | Die Synagoge

Unter dem symbolischen Dach des Davidsterns

Noch im Jahr der Gründung seiner neuen Residenz »Carolsruhe« verfasste Markgraf Karl Wilhelm von Baden-Durlach am 24. September 1715 ein bis heute einmaliges Dokument seines herrschaftlichen Selbstverständnisses. Mit einem »Privilegienbrief« versprach er seinen Neubürgern zahlreiche rechtliche Freizügigkeiten und Begünstigungen, darunter als markantestes Privileg die Religionsfreiheit, die auch den jüdischen Bürgern die freie Religionsausübung in seiner Stadt garantierte.

Um 1933 zählte Karlsruhe 3358 Mitbürger jüdischen Glaubens. Über 1000 von ihnen wurden zwischen 1933 und 1945 ermordet, 1755 wanderten aus. Sowohl die jüdisch-liberale Synagoge in der Kronenstraße als auch die jüdisch-orthodoxe Synagoge in der Karl-Friedrich-Straße wurden zerstört. Am 7. Dezember 1945 gründete sich die Jüdische Kultusgemeinde Karlsruhe neu. Sie besteht heute aus etwa 960 Mitgliedern.

Erst 1971 erbaute die Gemeinde außerhalb des Stadtzentrums, am Rande des Hardtwaldes an der Knielinger Allee eine neue Synagoge mit Verwaltungsbau. Die vom Karlsruher Architekturbüro Backhaus & Brosinsky entworfene und am 4. Juli 1971 eingeweihte Synagoge zählt zu den bedeutendsten Beispielen einer postmodernen Synagogen-Gestaltung in Deutschland. Signifikantes Merkmal dieses außergewöhnlichen sakralen Bauwerkes ist der geometrisch gegliederte, dem Davidstern symbolisch nachgebildete sechseckige Grundriss. Die Bedeutungsebenen des klar erkennbaren Hexagramms verweisen auf seine religiöse Kraft als Glaubenssymbol, erinnern aber auch eindringlich an den Missbrauch des Davidsterns durch die Nationalsozialisten.

Beeindruckend ist auch das Innere der Synagoge, in der sich der Betsaal und ein darunterliegender Festsaal befinden. Das Rauminnere wiederholt nicht nur die äußere Gebäudestruktur, sondern scheint sie zu betonen. Die aus der sinnbildlichen Grundstruktur herauswachsenden, scharfkantig geformten, sternförmig geneigten Wandflächen verleihen dem Rauminnern eine ungewöhnliche Tiefenwirkung, die in

ihrem intensiven Spiel aus Licht und Schatten die Aura eines großen Zeltes verleiht – auch dies ein Symbol jüdischer Geschichte, die der Diaspora. Überwölbt von dem scheinbar schwebenden sternförmigen Dach, wird dieser Eindruck noch unterstrichen. Aus seiner Mitte heraus ermöglicht ein sechseckiges Fenster mit einem Davidstern aus gelbem Glas den direkten Lichteinfall aus dem Firmament.

Im Verwaltungsgebäude hat auch der Oberrat der Israelitischen Gemeinschaft Baden seinen Sitz.

www.jg-karlsruhe.de

33 | Das Badische Staatstheater

Die größten Inszenierungen der Stadt

»Was für ein Theater!«, wird der Stadtgründer Karl Wilhelm ausgerufen haben, als im Theatersaal seines 1715 gegründeten Schlosses Stücke des berühmten Opernkomponisten Reinhard Keiser aufgeführt wurden. »Theater muss sein«, wird sich der weniger theateraffine Großherzog Karl Friedrich gesagt haben, als 1808 sein prunkvolles Hoftheater eröffnet wurde. »Was für ein Drama«, raunten sich die Angehörigen der beim Theaterbrand von 1847 umgekommenen Opfer voller Entsetzen zu. »Was für eine Scharade!«, rief die deutsche Architektenszene, als ihr Kollege Paul Baumgarten den Zuschlag für das neue Karlsruher Theater bekam, das am Platz des alten Hoftheaters projektiert war, und er just dort, ohne Wettbewerb, bis 1969 das Bundesverfassungsgericht baute. »Was für ein geniales Stück!«, fanden die Karlsruher Bürger, als 1975 auf dem ehemaligen Areal des ersten Karlsruher Bahnhofs und der späteren Markthalle im Stadtzentrum das von Helmut Bätzner entworfene Badische Staatstheater am Ettlinger Tor eröffnet wurde.

Die Karlsruher Theatergeschichte ist eine besondere, denn wie an nur wenigen Institutionen lässt sich an ihr 300 Jahre Stadt- und Kulturentwicklung ablesen. Seit 1981 wacht der dreibeinige, über sechs Meter hohe »Musengaul« von Jürgen Goertz über die Szenerie, so als wollte er mit gebieterischem Blick und seinem kratzbürstigen Schweif vor trojanischer Inszenierung warnen. Dass sich das Badische Staatstheater jedoch seit vier Jahrzehnten auf dem nationalen wie internationalen Parkett behauptet, ist einer Reihe hervorragender Intendanten, einem Staatsorchester und Dirigenten von internationalem Ruf, experimentierfreudigen Schauspieldirektoren und einem erstklassigen Ballett zu verdanken. Als Drei-Sparten-Haus gegründet, umfasst es heute die Bereiche Oper, Konzert, Ballett, Schauspiel, das »Junge Staatstheater« wie auch das »Volkstheater« für partizipative Theaterprojekte.

Seit 2011, unter der Leitung von Generalintendant Peter Spuhler, wurde das Badische Staatstheater mehrmals für seine kulturellen wie künstlerischen Leistungen ausgezeichnet, unter anderem 2012 mit dem

Preis der Deutschen Theater- und Musikverlage für das beste Opern- und Konzertprogramm. Für seine erfolgreichen neuen Wege der Besuchergewinnung wurde das Haus 2014 in London für den »International Opera Award« in der Kategorie »Accessibility« nominiert. Das Spielzeitprogramm des Badischen Staatstheaters umfasst 40 Premieren sowie 40 Wiederaufnahmen und 50 Konzerte.

www.staatstheater.karlsruhe.de

34 | Der Festplatz

Ein Festparcours markanter Architekturstile

Wie nur wenige Städte in Deutschland weist das Stadtbild Karlsruhes vor allem im Zentrum eine hohe Dichte an Parkflächen und Plätzen aus. Ein Blick in die Entwicklungsgeschichte der Stadt zeigt jedoch: Nicht der Schlossplatz oder der Botanische Garten waren über ein Jahrhundert die Lieblinge der Karlsruher Bevölkerung und der Touristen aus weiter Ferne, sondern der Festplatz, der bereits vor seiner Anlage als Stadtplatz im Jahr 1873 einen hohen Freizeitcharakter im modernen Sinne aufwies.

Schon in seiner Vorgeschichte hatte sich die dort gelegene »Schießwiese« in der ersten Hälfte des 19. Jahrhunderts zu einem Ort bürgerlichen Freizeitvergnügens entwickelt. Ob als Platz für den Karlsruher Jahrmarkt, für Zirkusgastspiele, Paraden, Sängerfeste, Feuerwerke, Gewerbeausstellungen oder die legendären Bambi-Verleihungen – der Festplatz war ein fester Bestandteil Karlsruher Attraktivität und ist dies in seinen unterschiedlichen Veränderungen auch bis in die 70er-Jahre des 20. Jahrhunderts geblieben.

»Festplatz?«, fragt sich heute so mancher Besucher, der die Platzfläche zwischen dem Gebäudemix von Konzerthaus, Nancyhalle, Schwarzwald- und Gartenhalle, Vierordtbad, Stadthalle und Hotelkomplex meist nicht sehr belebt vorfindet. Doch das Areal ist selbst im Ausland nicht unbekannt. Besonders Architektur-Fans pilgern zur berühmten Schwarzwaldhalle oder zum 1873 eröffneten Vierordtbad, der »Badewanne der Südstadt« getauften ersten Volks-Badeanstalt ihrer Art in Deutschland, diskutieren über den von Stephan Balkenhohl 1996 gestalteten Giebelfries des Konzerthauses oder über den anvisierten Abriss der Nancyhalle, die von Erich Schelling für eine begrenzte Lebenszeit als zusätzliche Ausstellungsfläche anlässlich der Bundesgartenschau 1967 geplant worden war.

Architektonisches Prunkstück des Platzes ist unbestritten die von Erich Schelling 1953 erbaute Schwarzwaldhalle, einer der markantesten Nachkriegsbauten Deutschlands, die heute unter Denkmalschutz steht. Galt schon die Bauzeit der Mehrzweckhalle von gerade mal sechs

Monaten in Fachkreisen als Sensation, so findet das freigespannte ellipsenförmige Hängedach, das aus einer nur sechs Zentimeter starken Betonschale besteht, noch heute weltweit Bewunderung. Von den Karlsruhern gerne als »Schuhbürste« oder »Sprungschanze« betitelt, ist der beschwingt wirkende Bau auch im Innern sehenswert. Das von Schellings Mitarbeiterin und Ehefrau Trude Schelling-Karrer konzipierte Interieur im Stil der 1950er Jahre ist zum Großteil noch im Original erhalten.

35 | Der Zoologische Stadtgarten

Von badisch-exotisch bis japanisch-harmonisch

»Sie sind mal wieder abgehauen!« Stolz schreiten zwei prächtige Pfauen Richtung Hauptbahnhof, so als gelte es aller Welt zu zeigen, welche Freiheiten die Tiere des nahegelegenen Zoos hier haben. Aber keine Angst, der 1865 gegründete Karlsruher Tierpark ist kein wildes Affenhaus, auch wenn es dort ein solches gibt, sondern eine beschauliche sichere Oase, die bei Mensch und Tier beliebt ist. Heute ist der Zoologische Stadtgarten mit einem der ältesten deutschen Zoos Deutschlands Karlsruhes Besuchermagnet Nummer eins.

Mit 22 Hektar ist die Parkanlage mit ihren Wasserflächen, einem einmaligen historischen Bestand von rund 800 Bäumen, dem berühmten Japangarten, über 300 Rosensorten und berauschenden Blütenarrangements die grüne Lunge der Stadt. Die besondere naturnahe Ausstrahlung des Zoologischen Stadtgartens, seine Pflanzen- und Tierexotik, voran die Tiererlebniswelten mit über 150 Tierarten, locken jährlich eine Million Besucher an.

Eine große Faszination üben vor allem die Eisbären, Robben und Pinguine aus, die durch das große verglaste Gehege unter Wasser zu beobachten sind. Ob Wildkatzen-Besichtigung im Raubtierhaus, Beobachtung der Schneeleoparden in der neuen »Bergwelt Himalaya« oder bei der Elefantenfütterung im »Dickhäuterhaus«, ein Besuch des Tiergartens ist immer wieder ein Erlebnis. Und das war es auch bereits vor 150 Jahren!

Seinen Ursprung hat der Zoo im Badischen Verein für Geflügelzucht, der hier im einstigen Sallenwäldchen einen ersten Tierpark eröffnete. Bis zum 200. Stadtjubiläum im Jahr 1915 erfolgten zahlreiche Erweiterungen und Neugestaltungen, darunter die Eröffnung des Stadtgartens im Jahr 1877, die Erbauung des Lauterbergs als Trinkwasser-Reservoir und der 1913/14 nach Plänen von Gartenbaudirektor Friedrich Ries gestaltete Rosengarten. Sein heutiges Bild erhielt das Areal aus ausgedehnter Parkanlage und Zoo anlässlich der Bundesgartenschau im Jahr 1967. Die Seen wurden durch einen Kanal verbunden, die automatisch

fahrende »Gondoletta« dort installiert sowie ein Großteil der Gehege umgebaut. Eine beachtenswerte Erweiterung erhielt der Zoologische Stadtgarten im Jahr 2000 mit dem Projekt »Lebensraum Wasser«, zu dem das modernste Eisbärgehege Europas gehört.

Zum 150-jährigen Jubiläum im Jahr 2015 begrüßt der Zoologische Stadtgarten seine Fans mit neuen attraktiven Anlagen wie die der Schneeleoparden und Roten Pandas und darüber hinaus mit einem »Exotenhaus« in der ehemaligen städtischen Badeanstalt Tullabad.

36 | Die Südstadt

»Viva la Südstadt!«

Was den Berlinern Kreuzberg, ist den Karlsruhern die Südstadt – ein Stadtteil im Spannungsverhältnis von »da muss man hin« und »bleib lieber weg«. Letzteres sei allerdings nur jenen vorurteilbehafteten Menschen vorbehalten, die der rechtslastigen Auffassung sind, Multinationalität verwässere die deutsche Kultur. Wer also nicht nur politisch korrekt denkt und lebt, sondern interkulturelles Miteinander im Sinne der europäischen Idee begreift, sollte die Südstadt von Karlsruhe unbedingt kennenlernen. Nicht erst seit »Multikulti« *en vogue* ist, zieht es Menschen, die es gerne unkonventionell mögen, in den multinationalen Stadtteil, der nur einen Sprung vom Stadtzentrum entfernt ist.

Die Karlsruher Südstadt, die sich ab 1860 als typisches Viertel von Arbeitern, Handwerkern und Gewerbetreibenden südlich des ersten Karlsruher Hauptbahnhofs (heute Badisches Staatstheater) aus dem ursprünglich kleinen »Bahnhofsstadtteil« entwickelte, ist heute Heimat für Italiener, Türken, Griechen, Spanier, Portugiesen, Kroaten, Nordafrikaner, Künstler, Studierende, Anderssprechende, Andersaussehende und Andersdenkende aus aller Welt.

Hier werden spontan sagenhafte Feste gefeiert, beispielsweise wenn die ganze Südstadt im Fußball-WM-Fieber glüht und man glauben könnte, an einem Tag mitten in Neapel und am nächsten in Barcelonas Altstadt zu sein. Zum Sommerauftakt verwandelt das seit 20 Jahren stattfindende »Südstadtfestival« das Quartier in eine rauschende Welt-Kulturbühne. Würde dies alleine nicht bereits zur Identitätsstiftung genügen, schmückt sich der »echte« Südstädter mit dem Slogan »Viva la Südstadt« auf T-Shirts oder Retro-Taschen – und nicht, wie viele Nicht-Südstädter gerne unken, mit Indianerfedern.

Seit im Winter 1896/97 hier eine Indianertruppe aus Buffalo Bills »Wild-West-Show« gastierte, werden die Bewohner heute noch als »Südstadt-Indianer« bezeichnet, ein Spitzname, der damals von den Südstädtern nicht mit Begeisterung aufgenommen wurde. Als im Jahr 1927 der Indianerbrunnen auf dem Werderplatz eingeweiht wurde, hagelte

es Proteste, denn es sei ein Unding, »die Bewohner eines Stadtteils als von Kultur noch unbefleckte Wilde durch eine Brunnenfigur amtlich zu stempeln«, so die Bürgergesellschaft der Südstadt in einer Eingabe an die Stadt. Heute gilt der Brunnen mit seinem überdimensionalen januskӧpfigen Indianerporträt bei den 15 000 Einwohnern als Wahrzeichen der Südstadt und als Mittelpunkt des Werderplatzes, dem zwischen Wilhelm- und Marienstraße eingebetteten Herzstück des Quartiers.

37 | Die Schauburg

Ausgezeichnete Kinotradition mit innovativen Flügeln

Verlockend sind sie schon, die neuen Kinopaläste mit ihren riesigen Leinwänden, neuester digitaler Filmvorführtechnik, den steilsten Sitzrängen und allem technischen Schnickschnack. Aber ist das was für Fans gemütlicher Kinoromantik Marke 50er Jahre? Nur wenige dieser einstigen Lichtspielhäuser haben überlebt. Die, die es doch geschafft haben, sind cineastische Kleinode, die sich mit ihrem einmaligen Ambiente und einem ausgewählten Kinoprogramm zu einer Pilgerstätte für wahre Filmkunst-Liebhaber entwickelt haben. Zu diesen in Deutschland mehrfach für ihre kulturellen Leistungen ausgezeichneten Filmtheatern gehört die Karlsruher Berühmtheit »Schauburg«.

Im Oktober 1929 wurde das moderne Lichtspielhaus mit 654 Plätzen als Nachfolger des Apollo-Theaters von 1902 in der Marienstraße eröffnet. Die Schauburg war als modernes »Großkino« lange Zeit das größte Kino der Stadt, das dem beginnenden Siegeszug des Tonfilms mit einer ausgereiften technischen Ausstattung begegnen konnte. 1944 bei einem Bombenangriff vollständig zerstört, wagten die Besitzer 1949 einen kompletten Neuanfang auf dem alten Kinogelände. Die neue Schauburg wurde ein wahrer Filmpalast mit einer 25 Meter langen Wandelhalle, einem riesigen Theaterraum für 600 Personen und einer 6,90 Meter auf 4,50 Meter großen Leinwand, mit einer dahinterliegenden Bühne. Davor erstreckte sich ein verdeckter Orchestergraben, der für siebzig Musiker Platz bot. Als architektonische Besonderheit gilt bis heute die gegenläufige, geschwungene Freitreppe, die unter Denkmalschutz steht.

Nach den Kino-Hochjahren der 1950er und 1960er Jahre mit 75 000 Zuschauern binnen drei Wochen, als der Heimatfilm »Grün ist die Heide« 1956 in der Schauburg lief, begann eine wechselvolle Geschichte des Hauses. Erst als der Kino-Enthusiast Georg Fricker 1971 den maroden Kinopalast übernahm und in unermüdlicher Arbeit, mit technischen Innovationen und einem bis heute einmaligen Film- sowie Kulturprogramm das Karlsruher Traditionskino wieder flott-

machte, entwickelte sich die Schauburg zu der Institution, die sie bis heute, seit 2004 unter Leitung von Herbert Born, noch ist.

Seit 1976 wurde die Schauburg für ihr kulturell einmaliges Filmprogramm immer wieder auf Landes- und Bundesebene ausgezeichnet. Nach dem »Spitzenpreis für ein herausragendes Jahresfilmprogramm« durch die Filmförderung Baden-Württemberg im Jahr 2007 erhielt die Schauburg 2012 den Hauptpreis des deutschen Kulturstaatsministers für das »bundesweit beste Jahresfilmprogramm«.

www.schauburg.de

38 | Der Hauptbahnhof

Internationaler Fernverkehrsknoten im Jugendstilgewand

»Reisender, kommst du nach KA«, und die Anreise erfolgt mit der Bahn, dann solltest du dich nicht sofort in die nächste Straßenbahn oder ein Taxi werfen, sondern, wenn es die Zeit erlaubt, der Architektur des Karlsruher Hauptbahnhofs deine Aufmerksamkeit schenken. Klar, wie an jedem anderen Großbahnhof befinden sich hier Ticket- und Serviceschalter, Souvenirbuden, Versorgungsstände, Gastronomie für Durchreisende, ein Buchladen und der unvermeidliche Burger-Betrieb mit dem gelben M. Aber bei genauerer Betrachtung ist der Fernverkehrsknotenbahnhof Karlsruhe mit seiner 100-jährigen Geschichte eine außergewöhnliche Willkommenserscheinung, denn hier prunkt der Jugendstil in Reinform.

Der von dem badischen Architekten und städtischen Hochbaudirektor August Stürzenacker geplante und bis 1913 als »Karlsruher Jahrhundertprojekt« südlich des Stadtgartens realisierte Hauptbahnhof zählt zu den wenigen noch erhaltenen Jugendstil-Bahnhöfen Deutschlands. Herzstück des über 200 Meter langen Hauptgebäudes ist die 70 x 45 Meter messende, 8,50 Meter hohe monumentale Empfangshalle mit Tonnengewölbe, von der nicht nur die Zeitgenossen beeindruckt waren. Dass Stürzenacker bei seinen Ausführungen der Halle von seinen ursprünglichen Plänen abwich und gestalterische Anleihen aus den Entwürfen des aus dem Ausschreibungs-Wettbewerb leer ausgegangenen »Skandal-Architekten« Hermann Billing nahm, sorgte in Architektenkreisen für Empörung. Das schmälerte allerdings nicht seinen Ruf als Wegbereiter moderner Bahnhofs-Architektur.

Beeindruckend wie das Innere ist auch die Außengestaltung des Bauwerks mit seinem zentralen, elegant geschwungenen Giebel. Antik anmutende Elemente, ein streng geordnetes Ornamentensystem von Kassettenfeldern, Perlenstäben und Tropfenbändern, ein geometrisches Linienspiel von Wellenlinien und Kugelformen bilden eine Fassaden-Dekoration von hoher künstlerischer Qualität und handwerklich vollendeten Steinmetzarbeiten.

Vom Ruf der gesamten Bahnhofsanlage als Meilenstein der Stadtentwicklung wie auch als Reisezentrum von nationaler wie internationaler Bedeutung zeugen heute noch die umliegenden im neoklassizistischen Stil erbauten Hotel- und Wohnbauten, wie das 1914 erbaute Schlosshotel, aber auch der Eingang des Stadtgartens. Gemeinsam bildeten die von Wilhelm Vittali entworfenen und allesamt bis 1915 realisierten Gebäude ein äußerst repräsentatives Stadt-Entree, an dessen einst eindrucksvoller Wirkung man sich heute immer mal wieder stadtplanerisch versucht.

39 | Die Dammerstock-Siedlung

Berühmte Bauhaus-Mustersiedlung von Walter Gropius

»Ein Ding ist bestimmt durch sein Wesen. Um es so zu gestalten, dass es richtig funktioniert – ein Gefäß, ein Stuhl, ein Haus –, muss sein Wesen zuerst erforscht werden; denn es soll seinem Zweck vollendet dienen, das heißt, seine Funktion praktisch erfüllen, haltbar, billig und schön sein«, schrieb Walter Gropius in seiner 1925 erschienenen Publikation »Neue Arbeiten der Bauhauswerkstatt«. Drei Jahre später gewann der Begründer des Bauhauses mit seinem Planungsentwurf für die Karlsruher Dammerstock-Siedlung den 1928 ausgeschriebenen Wettbewerb für eine »neuzeitliche Mustersiedlung«, der einen besonderen Fokus auf den »Gebrauchswert der Wohnungen für Familien auf mittleren und unteren Einkommensschichten« legte.

Die nach dem Ersten Weltkrieg auch in Karlsruhe eingetretene Wohnungsknappheit forderte neue, rasch zu realisierende Siedlungs- und Baukonzepte. Der von Baubürgermeister Hermann Schneider entwickelte Generalbebauungsplan legte im Sinne des »Neuen Bauens« den Grundstein für die Dammerstock-Bebauung. Der von Gropius entwickelte Bebauungsplan schrieb vor allem grundlegende Richtlinien für die Außengestaltung aller Gebäude vor: Flachdach, einheitliche Geschosshöhe, identische Fensterelemente, weißer Fassadenputz mit grauen Sockeln, glatte Türen in Eisenrahmen und auch eine einheitliche Gartengestaltung. Allen Bauten der Siedlung gemeinsam ist das Konzept eines zentralen größeren Wohnraums und darum herumgruppierten, entsprechend ihrer Nutzungsfunktion auf ein Minimum beschränkten kleineren Räumen. Auch die konsequent verwirklichte Zeilenbauweise, die eine optimale Tageslichtnutzung gewährleistete, gehört zu den planerischen Verdiensten von Walter Gropius.

Doch nicht Gropius alleine gestaltete die Bebauung des gesamten Dammerstock-Areals. Insgesamt zehn Architekten realisierten unter seiner Leitung Teile des Wettbewerbskonzeptes mit unterschiedlichen, heute noch erhaltenen Grundrissen und Bautypen. Die gesamte Bebauung ist beispielgebend für den aus der Idee des Bauhauses heraus entwickelten rational angelegten Siedlungsbau.

Im Oktober 1929 wurde der erste Bauabschnitt mit 228 Wohneinheiten von den Baugenossenschaften Hardtwaldsiedlung Karlsruhe, Volkswohnung Karlsruhe und der Gemeinnützigen Bau- und Siedlungs-AG Berlin fertiggestellt. Mit der Dammerstocksiedlung schrieb Walter Gropius ein bedeutendes Stück Karlsruher Baugeschichte. Als größtes Projekt des »Neuen Bauens« wurde die Mustersiedlung weltbekannt.

40 | Das Schloss Gottesaue

Vom Kloster zur Musikhochschule

Dass Klöster eine besondere (göttliche) Inspirationsquelle sind, davon zeugen viele der im Mittelalter verfassten kostbaren, reich geschmückten Handschriften. Doch nicht nur »Kunstwerke der Worte« entstanden in der weltentrückten Stille, sondern auch unschätzbare Werke der bildenden Kunst und Musik. Nonnen und Mönche, Äbtissinnen und Äbte, allen voran das Universalgenie Hildegard von Bingen, komponierten in klösterlicher Strenge liturgische Gesänge von höchster Vollendung. Stille, Entsagung, der Welt entrückt, all diese Attribute wird man in der im Osten von Karlsruhe liegenden Musiktalente-Schmiede, der Hochschule für Musik, schwerlich finden.

Doch die im Schloss Gottesaue, einst Platz einer 1094 gegründeten Benediktinerabtei, untergebrachte Musikhochschule erinnert mit leisen Stimmen und lauten Tönen allenthalben auch an das inspirierende Moment klösterlichen Ursprungs. Nur noch der Name »Gottesaue« erinnert an die einstige Gottesoase, die 1558 säkularisiert und Ende des 16. Jahrhunderts von Markgraf Karl II. von Baden-Durlach zu einer Sommerresidenz im Renaissancestil verwandelt wurde. Der imposante Bau mit seinen markanten Türmen sollte nie ruhige Zeiten erleben. Seit der ersten Zerstörung im Pfälzischen Erbfolgekrieg im Jahr 1689 ging an dem herrschaftlichen Gebäude kein Krieg vorbei, ohne vernichtende Spuren zu hinterlassen.

Als Mahnmal des Zweiten Weltkrieges fristete das Schloss Gottesaue bis 1982 sein Dasein als Ruine. Der Architektin und Karlsruher Baudirektorin Barbara Jakubeit ist es zu verdanken, dass das Schloss baugeschichtlich weitestgehend rekonstruiert, im Innern jedoch mit einem vorbildlichen Nutzungskonzept für die Musikhochschule in einen Bau der Moderne verwandelt wurde. Seit 1989 ist Schloss Gottesaue Hauptsitz der Karlsruher Hochschule für Musik, deren Wurzeln auf das im Jahr 1812 privat gegründete musikalische Bildungsinstitut zurückgehen.

Heute hat die Karlsruher Musikhochschule längst großes bauliches wie musikalisches internationales Terrain erobert. Mit dem im April 2013 eröffneten »CampusOne«, dem schönsten Musikhochschulgelände

in Europa, begegnen sich am einst klösterlichen Ort Renaissance und modernste funktionale Architektur ebenso wie »Alte« und computergesteuerte Musik, Stille ebenso wie immense Laustärke. Der 2013 auf dem alten Klostergelände eröffnete Multimedia- und Bühnenkomplex (MUT) mit dem Wolfgang-Rihm-Forum steht für einen neuen Weg inspirativer Kraft, die Studierende, Lehrende und auch das Publikum erfasst.

www.hfm-karlsruhe.de

41 | Der Kreativpark Alter Schlachthof

Wie abgefahren ist das denn!

Richard Floridas Theorie von der »Kreativen Klasse« hat die Kreativwirtschaft in alle Munde gebracht. Doch ist die Thematik wirklich so neu? Kreative und ökonomische Potenziale sind in Karlsruhe seit jeher eng miteinander verzahnt – das hat Tradition und ist Zukunft zugleich. Karlsruher Kreativunternehmen wie die Staatliche Majolika Manufaktur verweisen auf eine über hundertjährige Geschichte, Unternehmen wie Gameforge erobern mit kultigen Online-Spiele-Ideen von hier aus den Weltmarkt. Karlsruhe gilt als Zentrum der Kultur- und Kreativwirtschaft im Südwesten. Doch ist es vor allem die Verknüpfung von Kreativ-, Kultur- und Kunstwirtschaft, die bereits vor einigen Jahren in Karlsruhe zu einem wirkungsvollen Kreativ-Cluster an einem zentralen Ort geführt hat: im »Kreativpark Alter Schlachthof« auf dem ehemaligen Schlachthofgelände im Osten der Stadt.

Da wird gehirnt, gerockt, gefilmt, getanzt, entwickelt, gekocht und so manches Erfolgsmodell geschmiedet, zum Beispiel im Container-Lab »Perfekt Futur« in der ehemaligen Schweinemarkthalle, dem 2012 eröffneten Kreativ-Gründerzentrum, oder in der »Fettschmelze«, einer Ateliergemeinschaft von Architekten, Designern, Graphikern, Dinner- und Lichtgestaltern. Über 50 Kultureinrichtungen, Kunst- und Kreativunternehmen haben inzwischen auf dem Alten Schlachthof ein Domizil gefunden. Darunter sind auch einige Karlsruher Kultur-Urgesteine wie der Jazzclub Karlsruhe, das Substage, einer der etabliertesten Live-Musik-Clubs in Baden-Württemberg, sowie das renommierte Kulturzentrum Tollhaus, das sich quasi als Vorreiter bereits seit 1992 hier niedergelassen hat.

Mit der offiziellen Stilllegung des ehemaligen, 1887 gegründeten Schlachthof-Areals im Jahr 2006 bot sich auf einer insgesamt sieben Hektar großen Nutzfläche für Karlsruhe eine enorme Chance, seine Kultur- und Kreativwirtschafts-Potenziale an einem Ort zu bündeln. Mit der Umwidmung der einstigen Schlachthofgebäude konnte innerhalb weniger Jahre ein Zentrum zur Verwirklichung innovativer, zukunftswei-

sender Ideen realisiert werden. Die Nutzer schätzen den Kreativpark als besonderen Ort der Kommunikation und des Ideenaustauschs.

Veranstaltungen wie die Kulturnacht »Schwein gehabt«, der Besuchertag »Ausgeschlachtet« oder der kurz vor Weihnachten stattfindende Design- und Kulturmarkt »Lametta« sind überregionale Besuchermagnete. Und schon längst gilt der »Alte Schlachthof« mit seinen Kulturangeboten und Gastronomiebetrieben als beliebtes »Quartier nach vier«.

www.alterschlachthof-karlsruhe.de

42 | Der alte Karlsruher Friedhof an der Kapellenstraße

Ein Zeugnis bewegter badischer Geschichte

Ein Friedhof? Da wird gekickt, vergnügt getobt und auch mal gemütlich ein Schulschwänz-Picknick von Schülern der benachbarten Friedrich-List-Schule abgehalten. Also ein Freizeitpark, könnte man vermuten. Stünde da nicht am Parkeingang an der Kapellenstraße eine von Weinlaub umrankte ehemalige Friedhofskapelle, wer würde dort schon einen Friedhof vermuten? Selbst Einheimische wissen wenig über den Ursprung dieser lauschigen kleinen Parkanlage. Dabei befinden sich dort wichtige Zeugnisse Karlsruher und badischer Geschichte.

Der »alte Friedhof«, Vorgänger des heutigen Karlsruher Hauptfriedhofs, war eigentlich ein neuer Friedhof. Denn der nach den Entwürfen von Friedrich Weinbrenner geplanten südlichen Stadterweiterung, die den Ausbau der »Via Triumphalis« einschloss, standen die beiden ersten christlichen Friedhöfe der Stadt im Weg. Der neue Friedhof auf dem sogenannten Lohfeld wurde von 1781 bis 1882 als »städtischer Friedhof« von allen christlichen Religionen gemeinsam genutzt.

Noch heute befinden sich in der alten Friedhofsanlage, die zum Park umgestaltet wurde, einzelne historisch bedeutende Kulturdenkmäler und Grabstätten. Unter den offenen Rundbögen der Gruftenhalle von 1841 sind die Grabsteine bedeutender Karlsruher Persönlichkeiten zu finden, darunter der badische Innenminister Karl Friedrich Nebenius (1784–1857) und der badische Politiker Sigismund Freiherr von Reitzenstein (1766–1847).

Das monumentalste Denkmal der gesamten Anlage, das Preußendenkmal, wurde im Juli 1852, drei Jahre nach dem Scheitern der Badischen Revolution, durch die Preußen unter Ausschluss der Öffentlichkeit eingeweiht. Das neugotische Bauwerk – von Preußenkönig Friedrich Wilhelm IV. in Auftrag gegeben – erinnert an 113 preußische Soldaten, die bei der Niederwerfung der Revolution 1849 ums Leben kamen. Das von August Stüler entworfene und vom Karlsruher Baumeister Friedrich

Eisenlohr ausgeführte Denkmal trug ursprünglich eine Figur des Erzengels Michael, der mit seinem Speer das Böse besiegt – eine Anspielung auf die niedergeschlagene Revolution. Es übertraf in seiner Dimension alle bis dahin in Karlsruhe errichteten Ehrenmale und war nicht nur den Anhängern der Revolution ein Dorn im Auge.

Ein weiteres besonderes Zeitdokument des Friedhofs ist das Theaterbrand-Denkmal von 1848. Die Inschrift des Sockels erinnert an die 63 meist jungen Opfer, die am 28. Februar 1847 während einer Theatervorstellung beim großen Brand des Karlsruher Hoftheaters ums Leben kamen.

43 | Das Pfinzgaumuseum Durlach

Die historische Schatztruhe Durlachs

Nicht fürstliche Sammellaune ist der Grundstock des 1924 begründeten Pfinzgaumuseums im einstigen Durlacher Residenzschloss, der Karlsburg, sondern bürgerliches Traditions- und Bewahrungsbewusstsein. Wäre Durlach nicht schon per se eine historische Fundgrube, müsste man das Museum als »historische Live-Show durch die Jahrhunderte« betiteln, was es eigentlich auch ist. Dem Namen nach befasst sich das Museum mit der Geschichte des Herrschaftsgebietes der Pfinzgrafen. Doch der eigentliche Schwerpunkt der spannenden Historienschau liegt auf Durlach, von 1565 bis 1715 markgräflich-badische Residenzstadt, danach Ackerbürgerstadt, Industriestandort und Wohnstadt. Gezeigt werden Objekte zur Kunst-, Kultur-, Sozial- und Alltagsgeschichte.

Beeindruckend sind die vielen Exponate, die die nach Ereignis- wie Zeitepochen chronologisch gegliederte Dauerausstellung in ihren Kernaussagen unterstreichen. Da staunt man über die Vielseitigkeit der Durlacher Fayencen-Manufaktur, die von 1723 bis 1840 feinste badische Keramik produzierte, erschaudert ob der von Freischärlern während der Badischen Revolution aus Sensen umgearbeiteten Lanzen, bestaunt die Kanonenkugel, die am Ende der Revolution die letzte Durlacher Bastion, die Obermühle, empfindlich traf. Eine Menge erfährt man auch über die Produkte der erfolgreichen Maschinenfabrik Gritzner, der gegen Ende des 19. Jahrhunderts größten Nähmaschinenfabrik Europas. Vielleicht geht es dann wieder rückwärts durch die Ausstellung, weil man die »Stadtspritze« der ersten deutschen, in Durlach gegründeten freiwilligen Feuerwehr genauer in Augenschein nehmen möchte oder weil das Original von »Karle mit de Dasch« einfach sehenswert ist.

Nicht entgehen lassen sollte man sich den »Prinzessinnenbau« der Karlsburg. Er ist als einziger Gebäudeteil von dem großen Brand während des Pfälzischen Erbfolgekrieges im Jahr 1689 verschont geblieben. Er beherbergt das Lapidarium mit wertvollen Grabsteinen und gibt einen Einblick in das ursprüngliche Renaissance-Gebäude der Karlsburg vor 1689.

Beeindruckend ist auch die auf dem historischen Speicher der Karlsburg mit seinem barocken Dachstuhl von 1700 eingerichtete Ausstellung über das Durlacher Handwerk und die Geschichte der Landwirtschaft. Gezeigt werden die Werkstätten eines Schuhmachers, eines Schmiedes, eines Sattlers und eines Seilers. Darüber hinaus bietet das Pfinzgaumuseum im Jahr mehrere Sonderausstellungen, die nicht nur stadthistorische Themen, sondern auch solche mit Gegenwartsbezug aufgreifen.

44 | Der Basler-Tor-Turm

Freie Liebe im »Roten Turm«

Vier Stadttore schützten Durlach einst vor unliebsamen Besuchern, Tunichtguten und Menschen mit falscher Gesinnung: das Ochsentor, das Blumentor, das Bienleinstor und das Basler Tor an der Post- und Heerstraße nach Basel. Die ersten drei Tore fielen der Stadterweiterung zum Opfer, nur die einst darauf zuführenden Straßen künden heute noch von der Existenz dieser streng bewachten Stadteingänge. Dass das Basler Tor, dieses mittelalterliche Stadttor aus Pfinztal-Sandstein aus dem 14. Jahrhundert und heutige Wahrzeichen Durlachs, nicht abgerissen wurde, verdankt es seiner Lage jenseits stadtstrategisch wichtiger Verkehrsführung. So mancher hätte es sich sicherlich gerne weggewünscht, diente es doch mit seinem 24 Meter hohen wehrhaften Turm und seinem tiefen Verlies viele Jahrhunderte als Kerker für Delinquenten. Doch hier gibt es nicht nur Durlacher Gefängnis-Historie zu erzählen, sondern ein lebhaftes Stück Karlsruher APO-Geschichte, die es bis in die überregionalen Medien schaffte.

Diente das Basler Tor ursprünglich vor allem als Arrestgemäuer zur Maßregelung aufmüpfiger markgräflicher Dienstboten, hat die nicht weniger aufmüpfige Durlacher Jugend den Turm zwischen 1958 und 1969 für sich als selbstverwalteten Jugendtreff der »Deutschen Jugendschaft« entdeckt und ausgiebig genutzt. Was ursprünglich vollkommen friedlich und ohne Beanstandungen verlief, eskalierte 1968, als im »braven« Karlsruhe kaum ein Student zum Demonstrieren auf die Straße ging, Durlach aber mal wieder seine freiheitsbetonte Seite zeigte. Die Jugend des Turms wollte autonom sein, verstand sich dem neu aufkeimenden Zeitgeist gemäß als revolutionär, politisch links, antiautoritär und dem Ideal der freien Liebe verpflichtet. Das gutbürgerliche Durlach war entsetzt über die »sittenlosen Zustände« im Turm, rief nach dem Staat, um dem ganzen Treiben ein Ende zu bereiten. Die Jugend jedoch gründete im Turm das »Antiautoritäre Jugendzentrum Roter Turm«, das erste in Deutschland, hisste im Sommer 1968 eine rote Fahne und legte somit den Grundstein zur Legende des »Roten Turms«. Das Gebäude

wurde im Mai 1969 von der Polizei geräumt und der Turm für immer geschlossen.

Heute ist im Basler-Tor-Turm längst Ruhe eingekehrt, die Parolen von freier Liebe und antiautoritärer Selbstbestimmung wurden 1992 mit weißer Farbe übertüncht – doch der Turm bleibt rot! Wehrhaft und trotzig hat er selbst den großen Brand von 1689 überstanden, und er gerät auch bei Durlachs heute größter Herausforderung, dem »Altstadtfest«, nicht ins Wanken.

45 | Der Durlacher Turmberg

Majestätische Aussicht vom »großen Zeh« des Schwarzwaldes

Welches nun das wirkliche Durlacher Wahrzeichen ist, der Basler-Tor-Turm oder der Turmberg-Turm, sollen die Durlacher unter sich ausmachen. Das höchste Durlacher »Highlight« jedoch ist unbestritten der 256 Meter hohe Turmberg, der »große Zeh« des Schwarzwalds, mit seinem 28 Meter hohen Turmbergturm. »Rauf auf den Turmberg«, den Durlacher Hausberg, bedeutet vor allem, von dort aus einen fantastischen Blick auf die Rheinebene, Karlsruhe und Durlach zu genießen. Wer die 127 Stufen auf das Turmplateau nicht scheut, wird mit dem belohnt, was der Durlacher mit dem Ausruf »Ach, es isch doch werklich arg scheh do bei uns« goutiert, der besten Karlsruher Fernsicht.

Der Turm ist der einzige noch erhaltene Gebäudeteil einer Burganlage, die im 11. Jahrhundert von den Grafen von Hohenberg erbaut, im 12. Jahrhundert erweitert und 1279 vom Straßburger Bischof Konrad von Lichtenberg zerstört wurde. Der Bergfried selbst wurde zwischen 1230 und 1250 errichtet. Ab 1565 diente er den Durlachern als Wachturm. War Gefahr in Verzug, warnte seine große Glocke. Während des Dreißigjährigen Krieges 1644 sowie im Pfälzischen Erbfolgekrieg 1689 wurde der Turm erheblich beschädigt, der abgebrannte Dachstuhl danach jedoch wiedererrichtet.

Heute ist der Turmberg zentraler Ausgangspunkt des angrenzenden Naherholungsgebietes. Mit dem Bau der zu ihm hinaufführenden Panoramastraße im Jahr 1930 wurde das Turmbergareal erstmals touristisch erschlossen. Wer den Bergfried allerdings ohne Auto erreichen und ihn auch nicht über die 528 Stufen des »Hexenstäffele« zu Fuß erobern möchte, steigt in die in den badischen Wappenfarben gelbrot lackierte Turmbergbahn. Die älteste noch in Betrieb befindliche Standseilbahn Deutschlands erklimmt die höchste Erhebung Karlsruhes bereits seit 1888.

Ursprünglich mit einem Wasserballast-System ausgestattet, fuhren zwei mit Wassertanks bestückte Bahnen tal- bzw. bergwärts. Hinunter

ging es mit gefülltem Tank, bergan mit leerem, das heißt, das Gewicht der befüllten, den Berg hinabgleitenden Bahn zog den wasserlosen Wagen den Berg hinauf. Unten angekommen entleerte der Wagenführer den Tank, ein Schauspiel, von dem Durlacher Senioren noch heute gerne erzählen. 1966 umgebaut, überwindet das »Turmbergbähnle« die Fahrstrecke mit über 100 Meter Höhenunterschied durch einen elektrischen Antrieb. Gemütlich wie vor über 100 Jahren zockelt man den Berg hinauf und entdeckt während der Fahrt vielleicht im Winter mit saftigen Orangen behangene Bäume oder einen anderen Durlacher Turmberg-Streich.

40 | Das Malerdorf Grötzingen

Eine ideale Kulisse für die Kunst

»Wie malerisch!« Dieses schlichte Attribut für den knapp zehn Kilometer vom Karlsruher Stadtzentrum entfernten, zwischen Kraichgauer Hügelland und der Rheinebene gelegenen Stadtteil Grötzingen könnte an sich genügen, einen kleinen Ausflug dorthin zu planen. Denn wer dem Stadtgedränge der City entfliehen möchte, einfach mal andere Luft braucht, ist in knapp 15 Minuten in Grötzingen und damit in einer anderen Welt. Und weil es dort ganz anders aussieht und riecht, eben ganz anders, ländlicher ist, »verirrte« sich hierhin ab dem Jahr 1889 eine ganze Schar von Malerinnen und Malern, um dort eine Künstlerkolonie zu gründen. Seit dieser Geburtsstunde des »Badischen Malerdorfs« ist Grötzingen mit dem Attribut »malerisch« in mehrfacher Weise verbunden.

Die Idee war nicht ganz neu. Bereits seit Mitte des 19. Jahrhunderts entdeckten Maler in ganz Europa die Natur als Atelier. Der Wunsch, im Freien zu arbeiten, tages- und jahreszeitliche Licht- und Stimmungsnuancen in freier Natur einzufangen, bewegte Künstler dazu, sich in malerischen Landschaften niederzulassen. Um 1890 entstanden in Deutschland mehrere sogenannte »Künstlerkolonien«, darunter die berühmten in Worpswede, Darmstadt, auf der Höri am Bodensee und in Grötzingen.

Im Mai 1890 zog der Landschaftsmaler Friedrich Kallmorgen mit seiner Frau, der Blumenmalerin Margarethe Hormuth-Kallmorgen, in sein neues Sommerhaus in Grötzingen. Sie machten den Auftakt zur Begründung der »Grötzinger Malerkolonie«. Es folgte unmittelbar der Tiermaler Otto Fikentscher mit seiner Frau, der Malerin Jenny Fikentscher-Nottebohm, die sich im ehemals markgräflichen Grötzinger Schloss, der Augustenburg, niederließen. Hierhin folgten ihnen bald die Maler Gustav Kampmann, Karl Biese und Franz Hein mit ihren Familien. Mit der damals bereits bestehenden Eisenbahnverbindung von Karlsruhe aus problemlos erreichbar, endeckten die Maler diesen idyllischen Ort als ideale Kulisse für ihre Kunst.

Noch heute fühlen sich Künstlerinnen und Künstler von dieser großartigen Atmosphäre des 1973 zu Karlsruhe eingemeindeten Stadtteils

inspiriert. Renommierte Künstlerinnen wie Sabine Classen und Brigitte Nowatzke-Kraft stehen heute beispielgebend für die Fortsetzung der Tradition des »Badischen Malerdorfes«. Der Koloniegedanke ist zwar verschwunden, doch die Künstlerdichte ist auch heute noch ein prägendes Merkmal. Viele der Ateliers sind in baulich spannenden Domizilen im dörflichen Ortskern untergebracht und formen so das Gesicht des Ortes mit.

www.groetzingen.de

47 | Der Rheinhafen

Ein echter R(h)eingewinn

Über 30 000 Besucher erobern seit Jahren Piraten gleich beim Karlsruher Hafenkulturfest das 300 Hektar große Areal des fünffingrigen Rheinhafengeländes, um den Binnenhafen zu Fuß, zu Wasser und auch aus der Luft zu erkunden. Da heißt es nicht nur »Leinen los«, sondern vor allem auch abzutauchen in die spannende Historie der 1901 gegründeten Hafenanlage, die sich bis heute zu einem der größten Binnenhäfen Europas entwickelt hat.

Bereits in den Gründungsjahren galt der Rheinhafen mit seinen vom Rhein Richtung Mühlburg gebauten großen Hafenbecken, den riesigen Getreidesilos und Lagerhäusern bei der Bevölkerung als Attraktion. Heute unvorstellbar und auch für die damalige Hafenverwaltung ein Unding, wurde hier getaucht, geschwommen und Schlittschuh gelaufen. Rasch wurden diese Freizeitaktivitäten zwar verboten, doch bereits 1906 fand ein erstes großes Hafenfest inklusive Schwimmwettbewerben und Turmspringen statt. Auch Künstler fühlten sich vom Hafenflair magisch angezogen, heute ist die Anlage mit ihren riesigen Verladekränen und Baggern vor allem ein attraktives Setting für Filmaufnahmen und Fotoshootings.

Bemerkenswert sind die historischen Hafengebäude, das von August Stürzenacker in einem Stilmix von Romanik, Gotik, Renaissance und Jugendstil entworfene Verwaltungsgebäude von 1901, die ebenfalls von ihm zwischen 1900 und 1901 erbaute Werfthalle I und der von Hermann Walder geplante imposante Getreidespeicher von 1903, der in seiner historistischen Bauweise an eine uneinnehmbare mittelalterliche Burg erinnert. Sie allesamt sind ein Spiegel früher Karlsruher Industriearchitektur, die, von dem ästhetischen Gestaltungsbewusstsein ihrer Zeit geprägt, wie »Paläste der Arbeit« anmuten. Fassade und Funktion scheinen dabei in einen Wettstreit zu treten. So entdeckt man am alten Verwaltungsgebäude auch Kurioses: Hier reitet mit verschmitzter Mimik Merkur auf einem Fisch, unter dem Arm zwei prall gefüllte Geldsäcke mit der Aufschrift 100 000. Ob es sich dabei um den monatlich

erwünschten Rheingewinn oder Reingewinn handelt, kann der Betrachter für sich entscheiden.

Ursprünglich auf eine Kapazität von 300 000 Tonnen Güterumschlag ausgelegt, boomte der neue Rheinhafen bereits im Eröffnungsjahr und musste rasch und sukzessive erweitert werden. Nach dem Bau der Karlsruher Raffinerien wurde er im Jahr 1963 mit dem Ölhafen zum letzten Mal ergänzt. Heute setzt er rund sieben Millionen Tonnen an Gütern um, voran Öl, Kohle, Edelstahl, Schrott, Getreide und Futtermittel sowie Baustoffe.

www.rheinhafen.de

48 | Das Rheinstrandbad Rappenwört

Natur-Schwimmvergnügen im Stil der Zwanzigerjahre

Die mächtigen Pappeln am Rheinufer rauschen, so als hätte auch sie das Fernweh gepackt. »Nehmt uns mit«, scheinen sie den vorbeiziehenden Lastkähnen zuzurufen, die den Rhein bei Karlsruhe auf ihrer Fahrt Richtung Rotterdam oder Basel passieren. Nirgendwo auf Karlsruher Gemarkung ist diese mit allen Sinnen erfassbare Stimmung so präsent wie an der Uferpromenade des Rheinstrandbades Rappenwört. Das 1929 im Westen der Stadt eröffnete Rheinufer-Bad ist eines der landschaftlich schönsten Bäder Deutschlands. Auch wer hier nicht schwimmen, sondern nur ruhen möchte, wird die einmalige Atmosphäre genießen, es sich auf einer Bank unter den Pappeln gemütlich machen und den Schiffen nachwinken.

Das zwischen Rheinufer und urwüchsigem Auenwald auf der einstigen Rheininsel Rappenwört beim Stadtteil Daxlanden gelegene 16 Hektar große Parkbad bietet Natur pur, ist modernes, naturnahes Badevergnügen und Naherholung zugleich. Zentrales sehenswertes Kernstück ist das sichelförmige, vom Rhein abzweigende Naturbecken aus der Anfangszeit des Bades. Noch heute vom Rheinwasser durchströmt, galt das große Naturschwimmbecken über Jahrzehnte als beliebteste Freizeitanlage der Fächerstadt. Seit den 1960er Jahren gilt hier jedoch Badeverbot. Ursprünglich wegen der schlechten Qualität des Rheinwassers als Schwimmbassin gesperrt, hat man sich heute entschlossen, die naturgestalterische Komponente des Beckens zu belassen.

Entstanden ist das Rheinstrandbad im Rahmen der in den 1920er Jahren von Karlsruhes Baubürgermeister Hermann Scheider vorangetriebenen sozialen Stadtplanung. Anknüpfend an die Idee des »Neuen Bauens«, die Licht, Luft und Sonne für die Bevölkerung forderte, wurde die Aueninsel Rappenwört als »Rheinpark« mit Bad- und Sportanlagen erschlossen. Avantgardistisch für ihre Entstehungszeit, spiegeln die heute noch erhaltenen Gebäude des Flussbades, allen voran der Eingangsbereich, die vom Stil des Bauhauses beeinflusste Formensprache wider: Flachdächer, Fensterbänder, Sichtbeton und glatte Putzflächen

verweisen nicht nur auf die Entstehungszeit des Rheinstrandbades, sondern auch auf Karlsruhes berühmte Bauhaus-Siedlung Dammerstock.

Heute verfügt das »Schwimmbad« mit einer Wasserfläche von 3500 Quadratmetern über zeitgemäße Attraktionen: darunter ein Wellenbecken sowie ein Erlebnisbecken mit Riesenrutsche und Strömungskanal. Außerhalb der offiziellen Badesaison von Mai bis September stehen die Rheinpromenade und das daran anschließende Park- und Naturbecken-Areal kostenlos zum Flanieren offen.

www.ka-baeder.de/rappenwörtbad/

49 | Die Rheinauen

Ein Biotop als naturgeschütztes Naherholungsgebiet

Es tanzen die Elfen, sirren die Feen – und auch die ein oder andere Stechmücke, aber die muss man einfach ignorieren. Wer in Karlsruhes attraktivstes Naherholungsgebiet, die Rheinauen, eine in Deutschland einmalige Auenlandschaft entlang des Oberrheins, eintaucht, läuft Gefahr, alles zu vergessen, was nach Alltag aussieht oder riecht. Doch die paradiesische Wildnis hinter den Ufern des Rheins ist nur ein winziger Überrest der früheren Auenlandschaft. Ihr wurde durch die nach Plänen des Karlsruher Wasserbau-Ingenieurs Johann Gottfried Tulla zwischen 1817 und 1880 vorangetriebene Rheinbegradigung schlichtweg die Lebensader, das Rheinwasser, abgegraben.

Heute als Landschaftsschutzgebiet deklariert, sind die Karlsruher Rheinauen in das Entwicklungsprojekt »Landschaftspark Rhein« eingebunden, das zum Stadtjubiläum 2015 seinen Abschluss findet. Das Landschaftskonzept für Naherholung und Naturerlebnis zwischen der Rheinbrücke und dem Rheinhafen wird sich neben inszenierten Naturräumen, wie beispielsweise am Hofgut Maxau, vor allem auf eine behutsame Erschließung der Auenlandschaft konzentrieren. Naturnahe Stadtraumentwicklung und Naturschutz werden in einem spannenden wie sensiblen Wechselspiel Karlsruhe näher an den Rhein bringen.

Einst wand sich der Altrhein wie eine kilometerlange Schlange durch die Landschaft. Niedrig- und Hochwasser bildeten im Wechselspiel einen urwaldgleichen einmaligen Naturraum, der heute noch auf einer kleinen, nach wie vor vom Rhein überfluteten Fläche zu erleben ist. Das geschützte Biotop mit seinem üppigen Pflanzenwachstum ist Lebensraum für eine seltene Tierwelt. Da lohnt es sich, sich am frühen Morgen auf den Weg zu machen, um im verwunschenen Auenwald vielleicht einen Eisvogel bei der Fischjagd zu beobachten. Wer nasse Füße nicht scheut, kann den »badischen Amazonas« auch mit einem Kanu erkunden.

Zu den wichtigsten Biotop-Arealen zählt die Altrheininsel Rappenwört im Stadtteil Daxlanden, die nicht mehr mit dem Altrhein verbunden ist. 1996 wurde hier das »Naturschutzzentrum Karlsruhe

Rappenwört« gegründet. Das Zentrum in der im Bauhausstil von Walter Merz 1928 bis 1929 erbauten ehemaligen Vogelwarte dokumentiert in der Dauerausstellung »Natur der Rheinaue« vor allem die ökologische Bedeutung der Auen. Lebendige Einblicke bietet der zum Naturschutzzentrum dazugehörende Walderlebnispfad, der auf einer Exkursionsstrecke von 2,5 Kilometern das Ökosystem des Auenwaldes auf 17 Stationen näherbringt.

50 | Der Landgraben

Ein Blick in den Karlsruher Untergrund

Auch wenn es nichts für feine Nasen ist, ein Blick in die Karlsruher »Unterwelt« sollte gewagt werden. Denn das unterirdische Kanalisationssystem der Stadt, der Landgraben, gilt nach dem »Bauch von Paris« nicht nur als das zweitgrößte gemauerte Entwässerungsprofil Europas, sondern hat als Musterbeispiel eines modernen, in Europa einmaligen Abwassersystems, auch Einzug in die Weltliteratur gehalten.

Dem wohl ungewöhnlichsten, denkmalgeschützten Bauwerk Karlsruhes, dessen Ursprung, ein künstlich angelegter Entwässerungsgraben, bereits seit 1588 vom Schloss Gottesaue bis zur Alb in Mühlburg floss, kann heute mit einer geführten kleinen Tour ab der Besichtigungsstelle am Lameyplatz in Karlsruhe-Mühlburg nachgespürt werden. Für Gruppen (15 bis 20 Personen), denen sich Einzelpersonen anschließen können, bietet das Amt für Stadtentwässerung dort zu festen Terminen oder nach vorheriger telefonischer Vereinbarung eine Stippvisite in Karlsruhes längstes Bauwerk an.

Hier erfährt man nicht nur interessante technische Details über die Karlsruher »Entsorgungs-Hauptader«, sondern macht vor allem auch intensive Bekanntschaft mit einem Stück plastischer, geruchsintensiver Stadtgeschichte: 1768 nach Osten bis zur Pfinz als schiffbarer Stein- und Holztransportweg, der sogenannte »Steinkanal«, für die immense Bautätigkeit der neuen badischen Residenz Karlsruhe erweitert, entwickelte sich der Landgraben bis Mitte des 19. Jahrhunderts zu einem »trägflüssigen, trübflutigen, übelduftenden, überall in der Stadt sichtbaren« Abwasser- und Fäkaliengraben. »Mochte man beinahe wähnen, in das Tal der Styx hinunterzustarren«, beschreibt der Karlsruher Dichter Heinrich Vierordt die untragbaren Kanalzustände.

1885 wurde der Landgraben unter Stadtbaumeister Hermann Schück in seiner heute noch einmaligen unterirdischen Bauweise als überwölbter Abwasser-Hauptsammelkanal fertiggestellt. Auch den russischen Literaten Fjodor Dostojewski, der 1867 in Karlsruhe weilte, muss der Landgraben, der damals noch offen durch die Stadt floss,

mächtig beeindruckt haben. In seinem 1871 erschienenen Roman »Die Dämonen« wird die damals bereits geplante »Karlsruher Röhrenangelegenheit« zur literarisch verschlüsselten Streitpassage, die sich zwischen den verfeindeten Dichtern Dostojewski und Turgenjew abgespielt hat.

Heute beginnt die Landgraben-Story in einem klimatisierten Info-Besucherraum. Anschließend können von einem Steg aus die Karlsruher Abwässer begutachtet werden.

Wie jung oder alt ist eine Stadt, die vor 300 Jahren gegründet wurde? Ist sie überhaupt als »Stadt mit Historie« zu bezeichnen? Nimmt man das tatsächliche Gründungsdatum von Karlsruhe als »Planstadt der Neuzeit«, das Jahr 1715, ins Visier historischer Genauigkeit, wird man feststellen, dass die nach ihrem einmaligen Stadtgrundriss benannte »Fächerstadt« auf ihrem ursprünglichen Gründungsareal inmitten des Hardtwaldes weder von den Römern besiedelt war noch im Mittelalter Siedlungsgebiet war, trotz ihrer nahen Lage zum Rhein. Und doch, vor allem wegen ihres neuzeitlichen Gründungsgedankens, konnte sie eine neue, »historienfreie« Stadtgeschichte entwickeln.

Mit der Grundsteinlegung des Karlsruher Schlosses am 17. Juni 1715, zugleich die Stadtgründung von »Carolsruhe« durch den Markgrafen Karl Wilhelm von Baden-Durlach (1679–1738), gehen eine Menge Legenden einher: War ihm die Vision zu seiner neuen Residenzstadt im Traum während einer Jagdpause im fürstlichen Hardtwald erschienen? Hatte ihm die Zerstörung seines Landes und seiner alten Residenz Durlach durch den Pfälzischen Erbfolgekrieg (1688–1697) so zugesetzt, dass er nur in einem kompletten Neubeginn eine Zukunft sah? Hatte er sein zänkisches Weib, die Markgräfin Magdalene Wilhelmine, so satt, dass er es in seinem Residenzschloss, der Karlsburg, nicht mehr aushielt? Oder war er seine renitenten Untertanen in Durlach, die sich weigerten, nach seinen Plänen Durlach neu zu gestalten, so leid, dass er der Stadt den Rücken kehrte?

Auch wenn es viele Deutungen zur Stadtgründung Karlsruhes gibt, liefert die Analyse zur Auswirkung dieser Neugründung, der letzten Stadtgründung am Oberrhein, ein eindeutiges Ergebnis: Mit der Idee des Markgrafen, seine neue Stadt mit einer außergewöhnlichen Fülle bürgerlicher Freiheiten auszustatten, legte er eine ideelle wie ideale Basis für eine stadtplanerisch wie wirtschaftlich und kulturell innovative Stadt. Sinnbildlich wie die vom Schloss ausgehende strahlenförmige Struktur der neuen Residenz öffnete sich Karl Wilhelm mit dem von ihm am 24. September 1715 verfassten »Privilegienbrief« einem modernen Staatsdenken, das mit der Verleihung von bürgerlichen Freizügigkeiten und Privilegien auch den Weg für eine prosperierende Stadt ebnete. Ein Weg, den seine Nachfolger über 200 Jahre, bis zur Abdankung des letzten Großherzogs Friedrich II. von Baden (1857–1928) im Jahr 1918

ebene im Lichthof und Gewölbekeller. Sie steht KünstlerInnen mit einem experimentellen Ansatz zur Verfügung, die sich gleichzeitig bei ihrer Kunstpräsentation mit der Architektur des Hauses auseinandersetzen.

26 | **Staatliche Münze**
Adresse: Stephanienstraße 28 a, 76133 Karlsruhe, Telefon (07 21) 91 74-0.
Tipp 1: Der Innenhof der Münze kann unter der Woche jederzeit besichtigt werden. Anmeldung für Führungen telefonisch unter (07 11) 5 09 41-105 (Herr Riedel).
Tipp 2: Zum 300-jährigen Karlsruher Stadtjubiläum wird 2015 eine – in Karlsruhe geprägte – Gedenkkollektion erscheinen, unter anderem mit dem Motiv der Staatlichen Kunsthalle und der »Meister-Sammlerin« Markgräfin Karoline Luise von Baden.

27 | **Prinz-Max-Palais**
Adresse: Karlstraße 10, 76133 Karlsruhe, Telefon Stadtmuseum (07 21) 1 33-42 25; Telefon Museum für Literatur am Oberrhein (07 21) 1 33-40 87.
Öffnungszeiten Stadtmuseum: Dienstag, Freitag 10–18 Uhr; Donnerstag 10–19 Uhr; Samstag 14–18 Uhr; Sonntag 11–18 Uhr.
Öffnungszeiten Museum für Literatur am Oberrhein: Dienstag, Donnerstag und Freitag 10–18 Uhr, Samstag 10–14 Uhr, Sonntag 11–18 Uhr.
Tipp: Sehenswert ist auch der Innenhof des Prinz-Max-Palais. Relax-Atmosphäre bietet das MAX, Café und Bar im Palais.

28 | **Städtische Galerie**
Adresse: Lorenzstraße 27, 76135 Karlsruhe, Telefon (07 21) 1 33-44 01.
Öffnungszeiten: Mittwoch bis Freitag 10–18 Uhr, Samstag und Sonntag 11–18 Uhr.
Tipp: Einen exklusiven Blick hinter die Kunstkulissen für Jugendliche und junge Erwachsene bietet der Jugend-KunstClub »LUX 10«.

29 | **Gutenbergplatz**
Adresse: Nelkenstraße, 76135 Karlsruhe.
Markttage: Dienstag, Donnerstag und Samstag jeweils 7.30–14 Uhr.
Tipp: Wer sich die gute Samstag-Laune nicht vermiesen lassen möchte, sollte auf keinen Fall mit dem Auto zum Gutenbergplatz fahren! Es lohnt sich zu Fuß durch die Weststadt zu schlendern oder das Fahrrad zu nehmen!

30 | **Haydnplatz**
Adresse: Weststadt, Nördliche Hildapromenade, 76135 Karlsruhe.

31 | **Günther-Klotz-Anlage**
Adresse/Lage: im südwestlichen Stadtgürtel entlang der Alb.
Tipp: Lohnenswert ist eine Radtour entlang der Alb durch dichtes Grün bis zum Rheinhafen.

32 | **Jüdische Synagoge**
Adresse: Jüdische Kultusgemeinde Karlsruhe, Knielinger Allee 11, 76133 Karlsruhe, Telefon (07 21) 7 20 35.
Tipp: Anfrage für Führungen durch die Synagoge per E-Mail an info@jg-karlsruhe.de oder telefonisch.

33 | **Badisches Staatstheater**
Adresse: Ettlinger Tor/Baumeisterstraße, 76137 Karlsruhe, Telefon (07 21) 3 55 70.
Tipp: Zu den Highlights der Spielsaison zählen die internationalen »Händel-Festspiele« sowie der »Theaterball«, der größte Ball des Südwestens.

34 | **Festplatz**
Adresse: zwischen Ettlinger Straße, Hermann-Billing-Straße und Ritterstraße, 76133 Karlsruhe.

Tipp: Sehenswert ist der von Johannes Hirth geschaffene Hygieia-Brunnen vor dem Vierordtbad, der auf charmante Art mit dem von der Göttin Hygieia abgeleiteten Begriff Hygiene spielt.

35 | **Zoologischer Stadtgarten**
Adresse/Lage: zwischen Hauptbahnhof, Ettlinger Straße und Festplatz; Ettlinger Straße 6, 76137 Karlsruhe, Telefon (07 21) 1 33-68 15. Haupteingang Nähe Bahnhofsplatz.
Öffnungszeiten: Der Aufenthalt im Zoologischen Garten Karlsruhe ist von 9 Uhr bis zum Einbruch der Dunkelheit möglich. Die Tierhäuser schließen im Winter um 17 Uhr und im Sommer um 18 Uhr.
Tipp: Wer mit dem Auto anreist, solle unbedingt im Parkhaus am Festplatz parken; rund um den Zoologischen Stadtgarten ist streng kontrolliertes Anwohnerparken!

36 | **Südstadt**
Adresse/Lage: zwischen östlicher Innenstadt und Hauptbahnhof.
Tipp: Wer sich als echter Südstadtindianer fühlen möchte, sollte sich in der alteingesessenen Brauereikneipe Wolf am Werderplatz ein »Indianerbock« bestellen.

37 | **Schauburg**
Adresse: Marienstraße 16, 76137 Karlsruhe, Telefon (07 21) 3 50 00 18.
Tipp: Seit 2007 gehört die Schauburg zu den wenigen Kinos, die per Satellit internationale Opernaufführungen, beispielsweise aus der New Yorker MET live in HD-Qualität ins Kino übertragen – ein einmaliges Kulturhappening für Cineasten und Opernfans.

38 | **Hauptbahnhof**
Adresse: Am Bahnhofplatz, 76137 Karlsruhe.

39 | **Dammerstock-Siedlung**
Adresse/Lage: südlich der Nürnberger Straße, 76199 Karlsruhe.
Tipp 1: Am Eingang der Dammerstock-Siedlung an der Danzigerstraße wurde der Infopavillon aus dem Jahr 1929 wieder instandgesetzt. Neben verschiedenen Architekturentwürfen kann auch die baugeschichtliche Entwicklung der Dammerstock-Siedlung erkundet werden.
Tipp 2: In der denkmalgeschützten »Gaststätte am Dammerstock« aus dem Jahr 1929 lockt heute eine leckere Slow-Food-Küche.

40 | **Schloss Gottesaue**
Adresse: Am Schloss Gottesaue 7, 76131 Karlsruhe, Telefon (07 21) 66 29-0.
Tipp: Fast täglich finden während des Semesters auf dem »CampusOne – Schloss Gottesaue« Hochschulabende, Kammerkonzerte, Alumni-Konzerte, aber auch Opernaufführungen, Symposien und Konzerte für Kinder statt. Die Hochschulabende kosten keinen Eintritt.

41 | **Kreativpark Alter Schlachthof**
Adresse: Durlacher Allee 62/Schlachthausstraße, 76131 Karlsruhe.
Tipp: Der Alte Schlachthof ist optimal an das öffentliche Verkehrsnetz angebunden, das heißt, er ist auch ohne Auto sehr gut erreichbar.

42 | **Alter Friedhof**
Adresse: Eingang an der Kapellenstraße/Kleine Kapelle, 76131 Karlsruhe.
Tipp: Sehenswert ist das Grabmal des Hofpredigers Johann Leonard Walz im Durchgang zur Friedrich-List-Schule.

43 | **Pfinzgaumuseum Durlach**
Adresse: Schlossplatz vor der Karlsburg, Eingang B, Pfinztalstraße 9,

76227 Karlsruhe. Telefon (07 21) 1 33-42 22.
Öffnungszeiten: Mittwoch 10–18 Uhr, Samstag 14–18 Uhr, Sonntag 11–18 Uhr.

44 | **Basler-Tor-Turm**
Adresse: zwischen Basler-Tor-Straße und Amthausstraße und Kelterstraße, 76227 Karlsruhe.
Tipp: Der Freundeskreis Pfinzgaumuseum bietet Führungen im Turm an. Ein Termin kann unter (07 21) 1 33-19 12 vereinbart werden.

45 | **Turmberg**
Öffnungszeiten des Turms: von Mai bis Oktober 7–20 Uhr, von November bis April 9–16 Uhr.
Fahrzeiten Turmbergbahn: täglich 10–20 Uhr, im 15-Minuten-Takt.
Tipp 1: Im »Staatsweingut Karlsruhe-Durlach«, dessen Ursprung auf das 8. Jahrhundert zurückgeht, werden noch heute exzellente Weine von den Hängen des Turmbergs unter dem Namen »Durlacher Turmberg« ausgebaut. Adresse: Posseltstraße 19, 76227 Karlsruhe, www.turmbergwein.de.
Tipp 2: Rund um den Turmberg befinden sich einige lohnenswerte Gastronomiebetriebe, darunter das Restaurant von Deutschlands jüngstem Sternekoch Sören Anders, das direkt am Turmbergturm liegt.

46 | **Malerdorf Grötzingen**
Adresse/Lage: Der östlichste Stadtteil Karlsruhes liegt am Ende des Pfinztals, 76229 Karlsruhe.
Tipp: Beim Spaziergang durch das Malerdorf sollte man sich auch etwas Zeit für die auf das Jahr 1414 zurückgehende, denkmalgeschützte evangelische Kirche am Südende des Ortes nehmen. Sehenswert sind die Fresken im Chorbogen aus dem Jahr 1425, die bei Renovierungsarbeiten wieder freigelegt wurden.

47 | **Rheinhafen Karlsruhe**
Adresse: Werftstraße, 76189 Karlsruhe.
Tipp: Mit dem Fahrgastschiff »MS Karlsruhe« kann nicht nur Hafenatmosphäre geschnuppert werden, sondern es geht auch hinaus auf den Rhein – bis nach Speyer oder Straßburg. Anlegestelle siehe Beschilderung, www.rheinhafen.de/fahrgastschiff-ms-karlsruhe/

48 | **Rheinstrandbad Rappenwört**
Adresse: Hermann-Schneider-Allee 54, 76189 Karlsruhe.
Öffnungszeiten: von Mai bis September täglich 9–20 Uhr.
Tipp 1: Das Rheinstrandbad Rappenwört ist gut mit der Straßenbahnlinie S6, Haltestelle »Rappenwört«, zu erreichen.
Tipp 2: Regelrechten Kultstatus hat das »Milchhäusle«, hier gibt es seit Jahrzenten Milch und Milchprodukte, auch Milchshakes und Eiskaffee.

49 | **Rheinauen**
Adresse/Lage: Günstiger Ausgangspunkt für eine kleine Wanderung durch die Rheinauen ist das Hofgut Maxau, Maxau am Rhein, 76187 Karlsruhe.
Adresse Naturschutzzentrum: Naturschutzzentrum Rappenwört, Hermann-Schneider-Allee 47 A, 76189 Karlsruhe, Telefon (07 21) 9 50 47-0.

50 | **Landgraben**
Adresse: Landgraben-Einstieg am Lameyplatz, Rheinstraße/Ecke Lerchenstraße, 76185 Karlsruhe.
Tipp: Führungen werden organisiert vom Amt für Stadtentwässerung, Abteilung Kanalbetrieb, Herr Reinle, Telefon (07 21) 1 33-74 41.

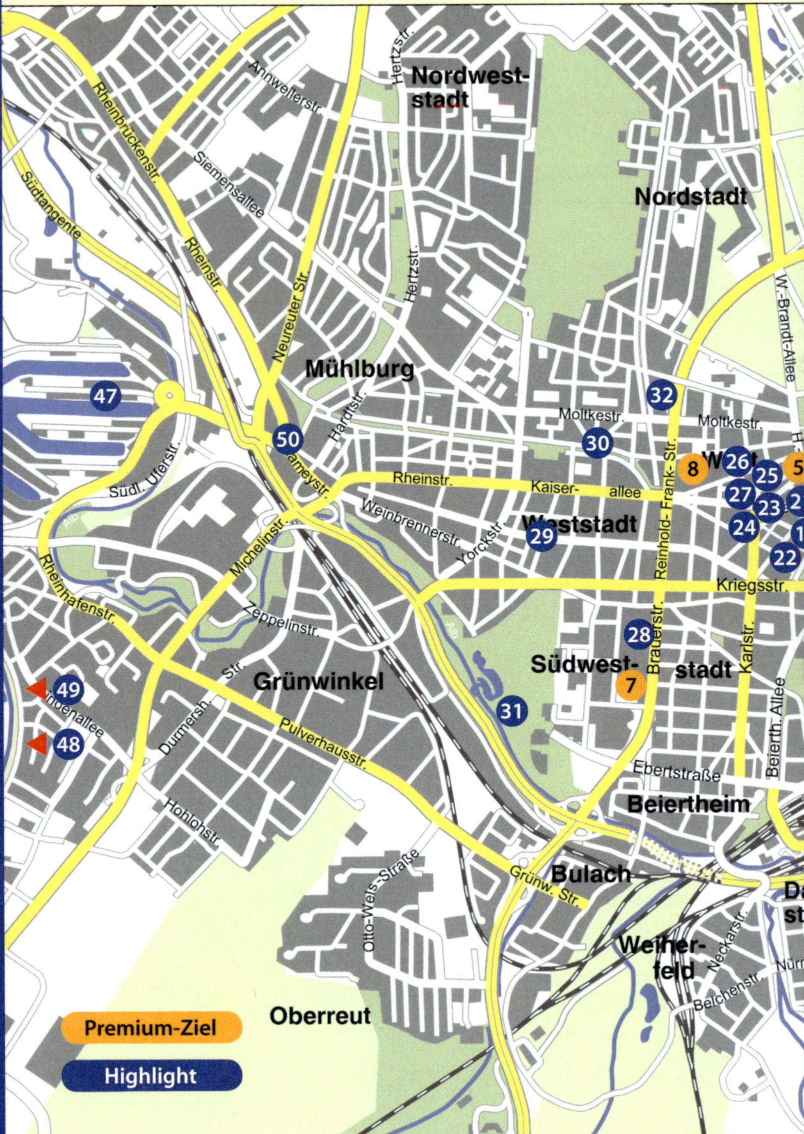
Nordwest-
stadt
Nordstadt
Mühlburg
Weststadt
Südwest-
stadt
Grünwinkel
Beiertheim
Bulach
Weiher-
feld
Oberreut
Annweilerstr.
Hertzstr.
Rheinbrückenstr.
Siemensallee
Südtangente
Rheinstr.
Neureuter Str.
Hardtstr.
Moltkestr.
Moltkestr.
Kaiser-
allee
Reinhold- Frank- Str.
W.-Brandt-Allee
Südl. Uferstr.
Weinbrennerstr.
Yorckstr.
Michelinstr.
Rheinhafenstr.
Zeppelinstr.
Kriegsstr.
Brauerstr.
Karlstr.
Beierth. Allee
Durmersh.
Str.
Pulverhausstr.
Hohlohstr.
Ebertstraße
Otto-Wels-Straße
Grünw. Str.
Neckarstr.
Belchenstr.
Alb
Alb
47
50
32
30
8
26
25
5
27
23
24
29
22
28
7
31
49
48
Premium-Ziel
Highlight

Waldstadt
Beuthener Str.
Königsb.Str.
Friedrichstaler
Theodor- Heuss -Allee
Brückenstr.
Karlsruher Str.
Hagsfeld
Ruschgraben
Am Storrenacker
12
dt-
11
9
Haid-u.-Neu-Str.
Mannheimer Str.
Rintheim
-Os
13
Ostring
Oststadt
Durlacher Allee
Gerwigstr.
42
Ludwig-Erhard-Allee
40
41
46
Rüppurrer Str.
stadt
Stuttgarter Str.
Durlach
Ernst-Friedr.-Str.
45
Pfinzt
10
str
43
44
Ottostr.
Südtangente
Rommelstr.
Fiduciastr.
Ostmarkstr.
Tiefentalstr.
Wolfarts-
weier

S3 Karlsruhe (via Heidelberg)
S4 Bruchsal (via Heidelberg)
Lingenfeld
S3 S33 S4 S51 S52
Germersheim
Germersheim Bf
R92 Mainz
Germersheim Mitte/Rhein
Rheinsheim
Philippsburg
R51 Neustadt
Maikammer-Kirrweiler
Edenkoben
Rietburgbahn
Edesheim
Knöringen-Essingen
Landau Hbf R55 R57 Landau
Rinnthal
Annweiler-Sarnstall
Annweiler am Trifels
Albersweiler
Siebeldingen-Birkweiler
Godramstein
Landau West
Landau Süd
R55 Pirmasens
R57 Bundenthal
Insheim
Rohrbach
Steinweiler
Winden
Bad Bergzabern
Kapellen-Drusweiler
Barbelroth
R54 Bad Bergzabern
R53 R54 Winden
R53 Wissembourg
Wissembourg (F)
Schweighofen
Kapsweyer
Steinfeld
Schaidt
TER4 Strasbourg
Kandel
Wörth Mozartstr.
Germersheim Süd/Nolte
Sondernheim
Bellheim Am Mühlbuckel
Bellheim Bf
Rülzheim Bf
Rülzheim Freizeitzentrum
Rheinzabern Bf
Rheinzabern Rappengasse
Rheinzabern Alte Römerstr.
Jockgrim Bf
Wörth Zügelstr.
Wörth Bf R52 Wörth
Maximiliansau West
Maximiliansau Eisenbahnstr.
Wörth Alte Bahnmeisterei
Wörth Bienwaldhalle
Wörth Bürgerpark
Wörth Rathaus
Wörth Badallee
Wörth Badepark
S5 Wörth Dorschberg
Maximiliansau Im Rüsten
Hagenbach
Neuburg (Rhein)
Berg (Pfalz)
TER9 Strasbourg
Lauterbourg (F)
R52 Lauterbourg
Maxau
S5 Knielingen
Rheinbergstr.
Eggensteiner Str.
Herweghstr.
Siemens
Mühlburg West
Starckstr.
Lameyplatz
KA-Knielingen
5 Rheinhafen
Rheinhafen
KA-Mühlburg
Rhein
2 Siemensallee
Lassallestr.
Siemensallee
Neureuter Str.
Feierabendweg
Hertzstr.
Städt. Klinikum/Kußmaulstr.
Hochstetten S1 S11 Hochstetten
Hochstetten Altenheim
Hochstetten Grenzstr.
Linkenheim Schulzentrum
Linkenheim Rathaus
Linkenheim Friedrichstr.
Linkenheim Süd
KIT-Campus Nord Bf
KIT-Campus No
Zugang nur mit
Ausweis möglich
Leopoldshafen Frankfurter Str.
Leopoldshafen Leopoldstr.
Leopoldshafen Viermorgen
Eggenstein Schweriner Str.
Eggenstein Spöcker Weg
Eggenstein Bf
Eggenstein Süd
Kirchfeld S1 S11 Neureut
Adolf-Ehrmann-Bad
Bärenweg
Welschneureuter Str.
Haus Bethlehem
Kurt-Schumacher-Str.
August-Bebel-Str.
Knielinger Allee
Städtisches Klinikum/Moltkestr.
Heide
Duale
Lilienthalstr.
Synagoge
Kunstakademie/H
Entenfang
Philippstr.
Händelstr.
Yorckstr.
Mühlburger Tor
Europaplatz/Post
Mühlburger Feld
Schillerstr.
Kühler Krug
Sophienstr.
Lessingstr.
O.-Sachs-Str.
Karlstor
Hübschstr.
Weinbrennerplatz
KA West
Arbeitsagentur
Mathystr.
Landesbausparkasse
ZKM
Kolpingplatz
Europahalle/Europabad
Welfenstr.
Ebertstr.
Bannwaldallee
Barbarossaplatz
Albtalbahnhof
Rappenwört
Altrheinbrücke
Waldweg
Hammweg
Kirchplatz
Ankerstr.
Mauerweg
Stadtwerke
6 Rappenwört
6 Daxlanden
Eckenerstr.
Rheinhafenstr.
Thomas-Mann-Str.
Karl-Delisle-Str.
Dornröschenweg
S2 Rheinstrandsiedlung
Hammäcker
Nussbaumweg
Forchheim Messe/Leichtsandstr.
Messe Karlsruhe/dm-arena
(verkehrt nur zu bestimmten Veranstaltungen)
Messe (Messe-Express)
M Messe
Forchheim Hallenbad
Forchheim Hauptstr.
Forchheim Oberfeldstr.
Mörsch Rösselsbrünnle
Mörsch Narzissenstr.
Mörsch Römerstr.
Mörsch Rheinaustr.
Mörsch Merkurstr.
Mörsch Am Hang
Mörsch Bach West
S2 Rheinstetten
Hardecksiedlung
Albert-Braun-Str.
Oberreut Zentrum
Wilhelm-Leuschner-Str.
Badeniaplatz
1 Oberreut
Forchheim
Durmersheim Nord
Durmersheim Bf
Bietigheim
Ötigheim
Ettlingen W
Bruchhausen
Malsch Bf
S31 S32 S41 Rastatt
Rastatt Bf
Muggensturm
Malsch Süd
Airpark Terminal (FKB)
205 • 234
234
205
Flughafen Karlsruhe/Baden-Baden
Haueneberstein
S32 S4 Baden-Baden
Baden-Baden
Sinzheim Nord
Sinzheim Bf
Rebland
S32 S4 Bühl
Bühl
BAD Innenstadt
Merkur-Bergbahn
R4 Offenburg
S32, S4 Achern
Rastatt Beinle
Kuppenheim
Bischweier
Bad Rotenfels Schloss
Bad Rotenfels Bf/Rotherma
Bad Rotenfels Weinbrennerstr.
Gaggenau Bf
Gaggenau Mercedes-Benz Werk
Ottenau
Hörden
Gernsbach Bf
Gernsbach Mitte
Obertsrot
Hilpertsau
Weisenbach
Au im Murgtal
Lang
Messe/Leichtsandstr.:
Bei Veranstaltungen und an Messetagen gelten Fahrausweise der Tarifwabe 100 bis zur Haltestelle Messe/Leichtsandstraße.
R-, S-, Tram-Linie
Buslinie
nur in Pfeilrichtung bedient
nur einzelne Zughalte
Schienenersatzverkehr
kurzer Fußweg
Rintheim Endhaltestelle/ -bahnhof
R5 Regionalbahnlinie
S5 Stadtbahnlinie
5 Tramlinie
Busanschluss
Stadtmobil Station
KVV Kundenzentrum
Fernverkehrshalt (Bahn/Bus)
Tarifwabe 100
Die Eilzüge der Linien S1, S11, S2, S31, S4, S5 und S52 bedienen nicht alle Haltestellen und verkehren teilweise auf einem abweichendem Fahrweg. Bitte den Fahrplan beachten.

KVV Bewegt alle.

BNN Solverte, ruhige Vo

Noch mehr Highlights

In Ihrer Buchhandlung

Bernhard Wagner

Das gibt es nur in Karlsruhe

Als Fächerstadt ist Karlsruhe allein schon einzigartig, aber das ist noch längst nicht alles. Zum Stadtjubiläum präsentiert Bernhard Wagner einen reich bebilderten Streifzug durch Geschichtsträchtiges und Kurioses, Wissenswertes, Amüsantes und Erstaunliches – eine Hommage an Karlsruhe und seine Bewohner.

144 Seiten, 80 meist farbige Abbildungen.
ISBN 978-3-8425-1337-2

Eva Klingler

Karlsruhe an der Leine

Alles fürs Hundeglück in der Region

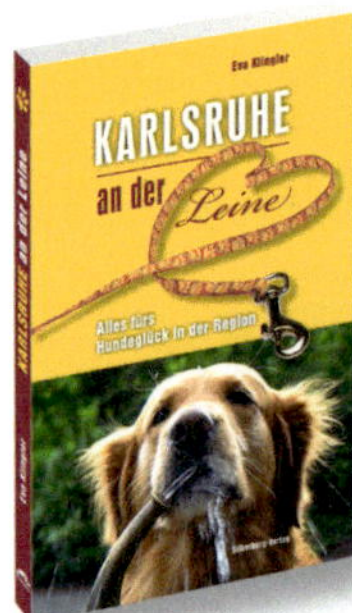

Der erste Hundeführer für Karlsruhe und Umgebung! Ganz gleich, ob schicker Pudel oder Schäferhund, hier findet man alles rund um den geliebten Hausgenossen. Was er braucht und wo er toben kann, wer ihn heilt und wer ihn »hundesittet« … Originell, witzig, mit vielen nützlichen Tipps und unterhaltsamen Geschichten.

Mit einem Vorwort von Regina Halmich. 160 Seiten, 100 farbige Abbildungen.
ISBN 978-3-8425-1339-6

Silberburg-Verlag

www.silberburg.de